図解でわかる 障害者雇用と就労支援

二本柳覚・山下朋美 編著

中央法規

はじめに

「大きくなったら何になりたい？」

誰もが子どもの頃に聞かれ、自分の子どもに問いかける言葉ではないでしょうか。「野球選手になりたい」「社長になりたい」といった子どもらしい希望は、成長するにつれて淘汰され、やがてその多くは現実的にできる仕事のなかから、自分がやりたいと思える職業選択をしていくのだと思います。しかし、やりたい仕事を諦めずに、その夢に向かって取り組むことは素晴らしいことです。私は子どもと一緒に、ある歌手グループのライブに参加しましたが、彼らは満面の笑みを浮かべ、楽しそうに歌っていました。彼らは、成功するかどうかもわからず、世間からは厳しく見られながらも、本人たちの努力によってやりたかった夢を叶えているといえるでしょう。

しかし、障害のある人にとっては、未だ、「大きくなったら何になりたい？」なんて、そんな夢を語ることも難しい社会状況にあります。学生たちに「東京の一流企業で働きたい」という精神障害者の夢は叶えられるか、と問うと、ほとんどが「無理だ」「作業所でよいのではないか」と返します。その裏には、「一流企業では優秀な者しか働けない」「一般企業で働ける障害者はごくわずかだ」「障害があるのだから低賃金になることも仕方がない」などといった無意識のレッテルが根強く存在しているのだと思います。

自分がどんな場所でどんなふうに働きたいのかを、障害者自身が大きな声で発することができる社会をつくり上げるためには、彼ら自身に対する支援だけでは不十分です。最初から「そんなことは無理だ」と切って捨てるのではなく、「そのためにはどうしたらよいのか」を考える姿勢を支援者や一般企業がもてるような社会へと変わっていくための取り組みが必須であると感じています。

本書は、障害者雇用にかかわる法律や制度、実際の事例についてわかりやすく理解できるように心がけて制作しました。また、障害のある人やその家族、支援者だけではなく、企業の採用担当者にも読んでいただきたい、という思いを込めて執筆しました。その人らしく働くためには、企業の理解や意識が何よりも重要になってきます。残念ながら、まだまだ障害者を雇うことは企業にとってデメリットにしかならない、と考えている人も少なくないでしょう。しかし本書が、「企業にとって障害者雇用が義務だから雇う」ではなく、どうすれば自社の業務で活躍してもらえるのかを考えていただくためのきっかけになることを願っています。

　最後となりましたが、本書を書くきっかけとなりました障害者雇用に関する研究を支えていただいた京都文教大学地域協働研究教育センターの皆さまや共同研究者の皆さま、ともに研究を進め、また共同編集として支えていただいた大阪大学大学院人間科学研究科の山下朋美先生、その他お忙しいなか執筆の労を取っていただいた先生方、これまで刊行してきた図解シリーズの作成において多大なご尽力をいただいた中央法規出版第1編集部の中村強氏に厚く御礼申し上げます。

　また、既刊書籍の「図解でわかる障害福祉サービス」などを読まれた方から、大学院時代より指導を受けた恩師である故・野中猛先生が中央法規出版で出されてきた図説シリーズを引き継いだ、とお声をかけていただくことがありました。過分な評価であり、野中先生にはまだまだほど遠いと感じておりますが、引き続き、誰にでもわかりやすい書籍をつくっていけるように、今後も精進してまいりたいと思います。

2024年12月

著者を代表して　二本柳覚

図解でわかる障害者雇用と就労支援　目次

はじめに

第 1 章　障害者の雇用に関する法制度

- 01 障害者差別解消法 …… 2
- 02 社会的障壁 …… 4
- 03 不当な差別的取り扱い …… 6
- 04 合理的配慮の提供 …… 8
- 05 障害者差別解消支援地域協議会 …… 10
- 06 障害者雇用促進法 …… 12
- 07 障害者雇用促進法における障害者の定義 …… 14
- 08 障害者雇用促進法の基本的理念 …… 16
- 09 国、自治体、事業主の責務 …… 18
- 10 障害者雇用対策基本方針 …… 20
- 11 障害者活躍推進計画 …… 22
- 12 障害者職業カウンセラー …… 24
- 13 ジョブコーチ …… 26
- 14 障害者に対する差別の禁止 …… 28

15 法定雇用率 …… 30
16 特例子会社 …… 32
17 一般事業主の障害者の雇入れに関する計画 …… 34
18 雇用納付金 …… 36
19 雇用調整金・報奨金 …… 38
20 在宅就業障害者特例調整金・報奨金 …… 40
21 認定事業主 …… 42
22 障害者職業生活相談員 …… 44

第2章 障害特性と合理的配慮の考え方

01 障害者雇用を始めるにあたってまず考えること …… 48
02 業務の切り出し・職場の環境設定についての考え方 …… 50
03 肢体不自由のある人への合理的配慮 …… 52
04 視覚障害のある人への合理的配慮 …… 54
05 聴覚障害のある人への合理的配慮 …… 56
06 内部障害のある人への合理的配慮 …… 58
07 知的障害のある人への合理的配慮 …… 60
08 発達障害のある人への合理的配慮 …… 62
09 精神障害のある人への合理的配慮①気分障害 …… 64
10 精神障害のある人への合理的配慮②統合失調症 …… 66

11 高次脳機能障害のある人への合理的配慮 …… 68

第3章 障害者の就労を支援する機関

01 就労移行支援 …… 72
02 就労定着支援 …… 74
03 就労継続支援A型・B型 …… 76
04 就労選択支援 …… 78
05 産業保健総合支援センター …… 80
06 治療就労両立支援事業 …… 82
07 ハローワーク …… 84
08 障害者職業能力開発校 …… 86
09 障害者職業センター …… 88
10 障害者就業・生活支援センター …… 90
11 発達障害者支援センター、難病相談支援センター …… 92
12 高次脳機能障害支援拠点機関 …… 94
13 医療機関 …… 96
14 教育機関 …… 98

第 4 章 障害者に対する就労支援を取り巻くしくみ

- 01 チーム支援 …… 102
- 02 障害者トライアル雇用 …… 104
- 03 精神障害者総合雇用支援 …… 106
- 04 精神・発達障害者しごとサポーター …… 108
- 05 就労パスポート …… 110
- 06 委託訓練 …… 112
- 07 職場実習 …… 114

第 5 章 障害者雇用における実践事例

- 01 就労移行支援事業所での実践事例
  「安定して働き続けられる生活」の実現を目指して …… 118
- 02 地域障害者職業センターでの実践事例
  障害者職業センターの事業主支援とジョブコーチ支援について …… 122
- 03 障害者就労支援センターでの実践事例
  地域の関係機関と連携して障害者雇用の促進と生活の安定に取り組む …… 128

- 04 リハビリテーションセンターでの実践事例
  障害の自己認識をサポートし、安定した就労・社会生活の持続を目指す …… 134
- 05 精神科病院での実践事例
  医療の現場でPSWとして「暮らす・働く」を支援する …… 140
- 06 教育機関での実践事例
  修学支援から就労(就職)支援、そして社会人生活へとつないでいくために …… 146
- 07 独立系機関での実践事例
  生きづらさを抱える若者が希望をもち生活できる社会に向けて …… 152
- 08 特例子会社における実践事例
  障害当事者の可能性を引き出す職場環境の整備を進める …… 158
- 09 中小企業における実践事例
  安定して働ける環境構築とキャリア拡充のしくみづくり …… 164
- 10 就労移行支援利用者の体験談1
  チャレンジする厳しさと楽しさ …… 168
- 11 就労移行支援利用者の体験談2
  働く上での自己理解と「無理をしない」ことの大切さ …… 172
- 12 就労移行支援利用者の体験談3
  安心して働き続ける上で大切にしたい信頼関係 …… 176

第 6 章 各種助成制度

- 01 特定求職者雇用開発助成金 ……182
- 02 トライアル雇用助成金 ……184
- 03 障害者能力開発助成金 ……186
- 04 団体経由産業保健活動推進助成金 ……188
- 05 キャリアアップ助成金（障害者正社員化コース）……190
- 06 障害者介助等助成金 ……192
- 07 職場適応援助者助成金 ……194
- 08 障害者作業施設設置等助成金・障害者福祉施設設置等助成金 ……196
- 09 重度障害者等通勤対策助成金 ……198
- 10 障害者雇用相談援助助成金 ……200

索引／執筆者一覧

第 1 章

障害者の雇用に関する法制度

01 障害者差別解消法

■ 転機となった「障害者の権利に関する条約」

　障害者の就労を語る上で、欠かすことができないのが、障害者を取り巻いてきたその歴史です。働く以前の問題として、障害者は差別、偏見といった「排除される側」として見られることが少なくなく、住む場所も働く場所も、法律で決まっているわけではないにもかかわらず、制限を受けていた状態にありました。入所施設の多くは街のはずれや山の中につくられることも少なくなく、気軽に買い物に行ったり、遊んだりするといった、街の中で普通に暮らす、ということすら難しい状況にありました。

　ノーマライゼーションの考え方が20世紀後半に登場し、その考え方の普及に伴って法制度も整理されていきましたが、差別や偏見はまだまだ多く残されていました。そのようななかで大きな転機となったのが、「**障害者の権利に関する条約**」です。

■ 条約批准に向けた法制度の整備

　2006（平成18）年に国際連合で採択された「障害者の権利に関する条約」は、障害者の尊厳と権利について保障を義務づけたものであり、多くの国で批准がなされています。わが国も条約に対して署名を行ったものの、そこには大きな問題がありました。それが条約を守るために必要な状況が国内で整っていない、ということです。

　障害者の差別はさまざまな場面で生じていました。そこで障害者基本法で差別禁止を規定したり、他の法律を整理することはもちろん、障害者差別を禁止することを目的とした新たな法律をつくることになりました。それが、2013（平成25）年に公布された**障害者差別解消法**です。この法律に基づいて、障害を理由とする差別の解消が促進されていくこととなったのです。

障害者の権利に関する条約と障害者差別解消法　図

障害者の権利に関する条約をふまえてのわが国の動き

障害者の権利条約

障害者の人権や基本的自由の享有を確保し、障害者の固有の尊厳の尊重を促進するため、障害者の権利を実現するための措置等を規定

わが国の動き

```
2011（平成23）年　障害者基本法が改正
2012（平成24）年　障害者総合支援法が成立
2013（平成25）年　障害者差別解消法が成立
　　　　　　　　　障害者雇用促進法が改正
```

2013（平成25）年11月19日の衆議院本会議、12月4日の参議院本会議において全会一致で締結が承認

障害者差別解消法の概要

正式名称	障害を理由とする差別の解消の推進に関する法律
法律の目的	障害を理由とする差別の解消を推進し、すべての国民が、障害の有無によって分け隔てられることなく、相互に人格と個性を尊重し合いながら共生する社会の実現に資することを目的とする
差別を解消するための措置	**不当な差別的取り扱いの禁止** ➡正当な理由なく障害を理由として差別することの禁止 **合理的配慮の提供** ➡社会の中にあるバリアを取り除くために何らかの対応を必要としているとの意志が伝えられたときに負担が重すぎない範囲で対応すること

▶ ノーマライゼーションとは……
障害のある、なしにかかわらず、互いに支え合い、地域で活き活きと明るく豊かに暮らしていける社会を目指す考え方

02 社会的障壁

● 生活のしづらさは障害だけが理由ではない

　障害者差別を考える上で重要な概念となるのが**社会的障壁**です。障害そのものによって生じるさまざまな不自由が、社会の中で生きづらさを感じる要素となるのは当然ですが、**生きづらさを感じる原因は障害のみではありません**。障害以外のさまざまな障壁が生活のしづらさをより深めており、これらを総称して社会的障壁と呼んでいます。

● 事物、制度、慣行、観念とは

　社会的障壁として障害者差別解消法では、事物、制度、慣行、観念を例示しています。それぞれについてどのようなものが当てはまるかを考えてみましょう。

　まず**事物**ですが、物理的な障壁により、行動が制限されてしまうことを指します。車いすの人にとって大きな段差は一人では越えることはできませんし、コンビニなどの陳列棚の上のほうにある商品を手にとることも困難でしょう。

　次いで**制度**については、障害者が利用することを前提としていないさまざまな制度があたります。視覚障害の場合、試験などでは拡大印刷や点字、読み上げなどの対応が望まれますが、これらに対応していないケースなどが考えられます。

　慣行は障害者の存在を意識していない習慣や文化などをさしています。ふだん私たちが行っていて違和感を感じないものとしては、押印文化などが挙げられます。

　最後に**観念**です。精神障害のある人に対して「何をするかわからない」「怖い」などのマイナスイメージを感じる人は未だ少なくありませんし、一方で、「障害者だからかわいそう」といった哀れみの感情を抱く人もまだまだいます。こうした偏見なども障害者の暮らしにおける大きな障壁となり得るのです。

四つのバリアから考える社会的障壁　図

社会的障壁の定義

障害者差別解消法では、第2条第1項第2号において、社会的障壁を「障害がある者にとって日常生活又は社会生活を営む上で障壁となるような社会における事物、制度、慣行、観念その他一切のもの」と定義している

四つのバリア

	内容	例
事物（物理的）	施設、設備など物理的な内容により支障が生じているもの	段差、放置自転車
制度	障害者が利用しにくいルールによって、平等な機会が与えられない状況など	盲導犬の入店拒否 受験の拒否
慣行（文化、情報等）	視覚、聴覚いずれかのみを頼る情報伝達など、障害者が利用することを想定していない慣習や文化	音声のみの通知 申し込みが電話のみ
観念（意識）	偏見、差別や無知などによって引き起こされるもの	精神障害者は怖い

障害の社会モデル

個人が行うリハビリテーションでは解決できない問題も少なくない

障害を生み出している環境を変えることで、暮らしやすい社会を目指す

02　社会的障壁

03
不当な差別的取り扱い

▶ 正当な理由のないサービスの拒否や制限を禁止

　筆者は精神保健福祉領域で勤務をしてきましたが、一人暮らしのための支援において、本人に何の落ち度もなく、部屋を借りる条件は整っているにもかかわらず、精神障害というだけで契約を拒否されたケースをよく耳にしました。精神障害以外でもそのような差別的な扱いを受けてきた人は数多くいます。

　そのような状況に対して、障害者差別解消法では、**不当な差別的取り扱い**を禁じています。これは、正当な理由なく、障害を理由としてサービスの拒否や制限をかけることを禁止するものです。ここでいう正当な理由の判断は、あくまで客観的な視点から見て、正当な目的のもと行われ、やむを得ないと判断できる場合に限られます。

▶ 不当な差別的取り扱いの例

　例えば、車いすを利用している肢体不自由の人が、コミュニティバスに、車いすで乗れるかを確認したところ、自治体から固定できない場合は乗車不可と回答が出されました。これは安全確保のため、仕方のないところではありますが、逆に言えば固定できれば乗車可能ということです。当然その車いすが固定可能かどうかを確認することが必要になるはずですが、このケースではその後運転手に対して確認を求めたにもかかわらず、その確認を怠り乗車拒否をしています。

　ほかにも聴覚障害のある人がコロナ禍で発熱により受診をしようとしたところ、医療機関から同伴者がいなければ受診ができないと断られたケースもあります。こちらもコロナ禍という状況の中、医療機関の事情もあったとは思われますが、本来であれば柔軟な対応が求められるケースです。

不当な差別的取り扱いとは 図

不当な差別的取り扱いの例

不当な差別的取り扱いの具体例

受付の対応を拒否する

学校の受験や、入学を拒否する

障害者向け物件はないと言って対応しない

本人を無視して介助者や支援者、付き添いの人だけに話しかける

保護者や介助者が一緒にいないとお店に入れない

国(内閣府)では障害者差別に関するデータベースを作成しています。
(障害者差別解消に関する事例データベース　https://jireidb.shougaisha-sabetukaishou.go.jp/)

正当な理由の判断の視点

障害者、事業者、第三者の権利利益

- 安全の確保
- 財産の保全
- 事業の目的・内容・機能の維持
- 損害発生の防止

等

行政機関等の事務・事業の目的・内容・機能の維持等の観点から、具体的場面や状況に応じて総合的・客観的に判断することが必要

たとえ障害が同じであったとしても、抱えているその人は違う人。そのケースごとに考えることが求められる

03　不当な差別的取り扱い

04
合理的配慮の提供

▶ 合理的配慮の義務化

　前項03の不当な差別的取り扱いに加えて、障害者差別解消法では**合理的配慮の提供**が求められています。社会的障壁をなくすための建物の改修などは時間がかかるものや予算上難しいものも少なくありません。そのため、社会的障壁が生じている状況に対して、負担が重すぎない範囲で企業は対応することが求められています。

　この合理的配慮は、当初行政機関は義務、民間企業は努力義務としていましたが、2024（令和６）年度からは民間企業も義務対象に変わることになりました。

▶ どのような配慮をすればよいのか？

　合理的配慮は、具体的には、①行政機関等と民間企業が、②その事務・事業を行うにあたり、③個々の場面で、障害者から「社会的なバリアを取り除いてほしい」旨の意思の表明があった場合に、④その実施に伴う負担が過重でないときに、⑤社会的なバリアを取り除くために必要かつ合理的な配慮を講ずること、とされています。

　例えば、飲食店等であれば段差があり車いすが入れない店舗にスロープを設置して利用できるようにするとか、大学などの教育機関等であれば、精神疾患等で教室に入ることが難しい学生に、オンラインで授業に参加できるような対応をとることなどが考えられるでしょう。

　大事なのは、これらの対応が企業にとって重くなりすぎないことです。エレベーターのない建物に新規にエレベーターを取り付けることは簡単なことではありません。どこまで対応できるかを話し合い、WIN-WIN な関係をつくることが大切です。

合理的配慮とは 図

合理的配慮の留意事項

合理的配慮の留意事項
①必要とされる範囲で本来の業務に付随するものに限られること
②障害者でない者との比較において同等の機会の提供を受けるためのものであること
③事務・事業の目的・内容・機能の本質的な変更には及ばないこと

> どこまでやればよいのか、ということを考える上での注意点

過重な負担の判断
①事務・事業への影響の程度（事務・事業の目的・内容・機能を損なうか否か）
②実現可能性の程度（物理的・技術的制約、人的・体制上の制約）
③費用・負担の程度
④事務・事業規模
⑤財政・財務状況

> 個別の事案ごとにこの項目をふまえ総合的、客観的に判断することが必要

合理的配慮の例

| 物理的環境への配慮
（例：肢体不自由） | 意思疎通への配慮
（例：弱視難聴） | ルール・慣行の柔軟な変更
（例：学習障害） |

【障害のある人からの申し出】
飲食店で車いすのまま着席したい

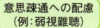

【障害のある人からの申し出】
難聴のため筆談によるコミュニケーションを希望したが、弱視でもあるため細いペンや小さな文字では読みづらい

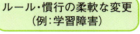

【障害のある人からの申し出】
文字の読み書きに時間がかかるため、セミナーへの参加中にホワイトボードを最後まで書き写すことができない

【申し出への対応（合理的配慮の提供）】
机に備え付けのいすを片づけて、車いすのまま着席できるスペースを確保した

【申し出への対応（合理的配慮の提供）】
太いペンで大きな文字を書いて筆談を行った

【申し出への対応（合理的配慮の提供）】
書き写す代わりに、デジタルカメラ、スマートフォン、タブレット型端末などで、ホワイトボードを撮影できることとした

05 障害者差別解消支援地域協議会

▶ 障害者差別解消支援地域協議会の設置が努力義務化

　誰もが暮らしやすい社会にしていくためのしくみとして、障害者差別解消法では、国と地方公共団体の機関が、地域における障害者差別に関する相談等について情報を共有し、障害者差別を解消するための取り組みを効果的かつ円滑に行うネットワークとして**「障害者差別解消支援地域協議会」**を設置できるとしています。

　2023（令和5）年度の調査では、都道府県や指定都市はすべて協議会を設置済みでしたが、自治体の規模が小さくなるほど設置割合は低く、全体では64％の設置率でした。まだまだ設置に向けた取り組みが必要な状況といえます。

▶ 誰もが暮らしやすいまちづくりのために

　障害者差別が起きている場所、内容はさまざまです。それらの問題を丁寧に解消していくことが求められますが、一方で差別にあった障害者がどこに相談したらよいのかわからない、ということも少なくありません。例えば、バスで差別行為があった際、相談先は運転手なのか、バス会社なのか、それとも自治体の福祉課なのか、それがはっきりしないことによって、相談の応対者によって対応がまちまちであったり、どこかの部署だけが負担を強いられるということも起こり得ます。結果的に障害者差別の解消が進まない、ということがないように、協議会を含むネットワークを構築し、出てきた課題に対してどのように取り組んでいくのか、相談体制等の整備を行い、加えて公的機関と民間が協働することで職員の負担を減らしていくことが求められます。さらに地域住民とともに障害者差別解消に向けた対応を行っていくための取り組みがさまざまな形で展開されることが期待されます。

障害者差別解消支援地域協議会の協議事案と構成機関

協議の対象となる事案

- 単一の機関による対応では紛争の防止や解決に至らなくなった事案
- 相談を受けた機関が直接的な権限等を有しておらず、かつ、複数の機関等にまたがると考えられる事案
- アンケート等により把握された障害者差別や合理的配慮等の事例、望まれる合理的配慮等のあり方
- アンケート等をふまえた地域における効果的な理解促進や普及啓発のあり方
- 相談窓口等における対応のばらつきを防止する情報、注意事項等

想定される構成機関等

障害者差別解消支援地域協議会

当事者

障害者団体等

国・地方公共団体

自治体主管部局等

福祉領域

相談支援事業所、社会福祉協議会等

事業者
商工会議所等

司法領域

弁護士等

教育領域

校長会等

医療領域

医師、看護師等

05 障害者差別解消支援地域協議会

06 障害者雇用促進法

▶ 障害者雇用促進法の歩み

障害者雇用の歴史は戦後から始まりました。戦後、戦傷を負った人々の復職支援が求められ、身体障害者福祉法や、その後の**身体障害者雇用促進法**の制定が行われました。その後、知的障害者も対象に加え、1987（昭和62）年に**障害者雇用促進法**として再整備されることとなります。現在では精神障害者を含めた3障害を対象として障害者雇用対策が進められています。また、障害者の権利に関する条約の批准に向けて、障害者雇用促進法でも障害者の権利を守るため、障害者に対する差別の禁止、合理的配慮の提供義務に関する規定の導入、精神障害者の雇用義務化などが進められました。

▶ 時代に合わせて法律も変わっていく

障害者の自立促進において、就労は重要なテーマの一つです。働きたい障害者を受け入れる企業の体制についても整備を行っていかなければなりませんし、その時々の時勢に合わせて法律も修正をしていくことが必要になります。例えば、ノーマライゼーションの流れのなかで、障害者だからこの仕事はできないという考え方はおかしい、ということになり除外率制度（雇用義務の軽減）は徐々になくす方向に向かっています。障害者を雇うだけで社会貢献をしていると思われていた時代から、その人の特性を活かした働き方ができるように働く場を整えていくことが求められる時代となってきました。障害があっても働くことができる場をさらに広げるために、障害者雇用促進法は、2022（令和4）年に法改正がなされ、2024（令和6）年度より本格施行がされました。障害者が安心して働いていけるために、どのように法律が整備されているのか見ていきましょう。

障害者雇用促進法の改正の流れ 図

障害者雇用促進法の概要

正式名称	障害者の雇用の促進等に関する法律
法律の目的	障害者と障害者でない者との均等な機会および待遇の確保ならびに障害者がその有する能力を有効に発揮することができるようにするための措置、〔中略〕その職業生活において自立することを促進するための措置を総合的に講じ、もって障害者の職業の安定を図ることを目的とする
法の特色	職業リハビリテーションの推進／障害者に対する差別の禁止／対象障害者の雇用義務等に基づく雇用の促進等／紛争の解決

近年の障害者雇用促進法の改正の流れ

2008（平成20）年改正
- 中小企業における雇用の促進
- 短時間労働に対応した雇用率制度の見直し

　　→ 短時間労働者を0.5カウントできるようになった

2013（平成25）年改正
- 障害者に対する差別の禁止
- 合理的配慮の提供義務
- 苦情処理・紛争解決援助
- 法定雇用率の算定基礎の見直し

　　→ 算定基礎に精神障害者が加えられた

2019（令和元）年改正
- 障害者の活躍の場の拡大に関する措置
- 国および地方公共団体における障害者の雇用状況についての的確な把握等に関する措置

　　→ 障害者雇用の不適切計上の再発防止を目指す

2022（令和4）年改正
- 障害者の多様な就労ニーズに対する支援および障害者雇用の質の向上の推進

　　→ 段階的に法定雇用率を引き上げる

06 障害者雇用促進法

07

障害者雇用促進法における障害者の定義

▍職業生活を支える法律として対象者を定義づけ

障害者雇用促進法の対象となる障害者は、歴史的に身体障害者のみから知的障害者が加わり、その後、精神障害者が追加されたことは前項06のとおりです。

障害者雇用促進法では、障害者を「身体障害、知的障害、精神障害（発達障害を含む。）その他の心身の機能の障害（以下「障害」と総称する。）があるため、長期に渡り、職業生活に相当の制限を受け、又は職業生活を営むことが著しく困難な者をいう」と定義をしています。**障害者総合支援法**における障害者の定義と大きく異なる部分は各種障害があることに加えて、「職業生活に相当の制限を受け、又は職業生活を営むことが著しく困難な者」として、あくまでも職業面において困難を抱えている人のための法律として整備されているところといえます。

▍重度という概念を導入

障害種別については少し細かく分けられています。障害者総合支援法においても身体障害、知的障害はそれぞれ身体障害者福祉法、知的障害者福祉法に規定している者、と定義されていましたが、障害者雇用促進法では、それぞれ重度身体障害者、重度知的障害者が追加されています。なお、精神障害に関しては重度の設定はありません。

働く、ということを考える場合、障害の重さを考慮することは必要不可欠です。障害が軽い人だけが仕事に就ける、という状況は憂慮しなければなりませんが、企業としても重度の障害のある人を雇用することは簡単ではありません。そのため重度障害者とそれ以外を分けることによって、制度上の優遇措置が設定されています。

障害者雇用促進法における障害者の基準 図

障害者雇用促進法に基づく重度身体障害者

一　次に掲げる視覚障害で永続するもの

　イ　視力の良い方の眼の視力（万国式試視力表によって測ったものをいい、屈折異常がある者については、矯正視力によって測ったものをいう。）が0.03以下のもの又は視力の良い方の眼の視力が0.04かつ他方の眼の視力が手動弁以下のもの
　ロ　周辺視野角度（Ⅰ／４視標による。）の総和が左右眼それぞれ80度以下かつ両眼中心視野角度（Ⅰ／２視標による。）が28度以下のもの
　ハ　両眼開放視認点数が70点以下かつ両眼中心視野視認点数が20点以下のもの

二　次に掲げる聴覚の障害で永続するもの

　　両耳の聴力レベルがそれぞれ100デシベル以上のもの

三　次に掲げる肢体不自由

　イ　両上肢の機能の著しい障害で永続するもの
　ロ　両上肢のすべての指を欠くもの
　ハ　一上肢を上腕の2分の1以上で欠くもの
　ニ　一上肢の機能を全廃したもの
　ホ　両下肢の機能の著しい障害で永続するもの
　ヘ　両下肢を下腿の2分の1以上で欠くもの
　ト　体幹の機能の障害で永続するものにより坐位又は起立位を保つことが困難なもの
　チ　体幹の機能の障害で永続するものにより立ち上がることが困難なもの
　リ　乳幼児期以前の非進行性の脳病変による上肢の機能の障害で、不随意運動・失調等により上肢を使用する日常生活動作が極度に制限されるもの
　ヌ　乳幼児期以前の非進行性の脳病変による移動機能の障害で、不随意運動・失調等により歩行が極度に制限されるもの

四　心臓、じん臓、呼吸器、ぼうこう若しくは直腸若しくは小腸の機能の障害で、永続し、かつ、自己の身辺の日常生活活動が極度に制限されるもの、ヒト免疫不全ウイルスによる免疫の機能の障害で、永続し、かつ、日常生活が極度に制限されるもの又は肝臓の機能の障害で、永続し、かつ、日常生活活動が極度に制限されるもの

五　前各号に掲げるもののほか、その程度が前各号に掲げる身体障害の程度以上であると認められる身体障害

重度知的障害は、知的障害者判定機関（知的障害者更生相談所）によって知的障害の程度が重いと判定された者、とされており、明確な基準があるわけではありません。

精神障害者については、精神障害者保健福祉手帳の交付を受けている、もしくは統合失調症、そううつ病（そう病およびうつ病を含む。）またはてんかんにかかっている者であって、症状が安定し、就労が可能な状況にあるもの、としており、あくまでも就労に視点をおいた基準になっています。

08
障害者雇用促進法の基本的理念

▶ 働くことは人生において重要な一要素

人間誰しも働かなくてもよいならそのほうが幸せだ、などと一度は考えたことがあるかもしれません。しかし、例えば、入院をして何もできない状態になると、何かをしていたいという思いに駆られることもまた事実です。フロイトは人生にとって重要なこととして、**「愛することと働くこと」**を挙げていますが、少なくとも働くという行為はその人らしく生きるための重要な要素の一つであると思います。

障害があるから働けないだろう、と厳しい言葉を投げかける人もいます。しかし、たとえ重度の障害のある人でも、働きたい、働いて税金を納めたい、社会の中で役に立っていると認められたいと思っていることは少なくないのです。

▶ 働けない、と決めたのは誰か？

その思いに応えるため、障害者雇用促進法では、基本的理念として「障害者である労働者は、経済社会を構成する労働者の一員として、職業生活においてその能力を発揮する機会を与えられるものとする」「障害者である労働者は、職業に従事する者としての自覚を持ち、自ら進んで、その能力の開発及び向上を図り、有為な職業人として自立するように努めなければならない」と定めています。

支援者のなかにも親切心から「この仕事は難しいだろうから、簡単なことだけやればよいよ」とか、「重度障害があるから仕事はできないでしょう」などと言う人もいるでしょう。しかし、首から下が一切動かない人でも立派な職人になった話を私は聞いたことがあります。==彼らの職業能力は支援者が決めるのではなく、彼ら自身が決められるように支援することが、支援者としての正しいあり方==なのではないでしょうか。

障害者雇用の現状 図

雇用障害者数と実雇用率

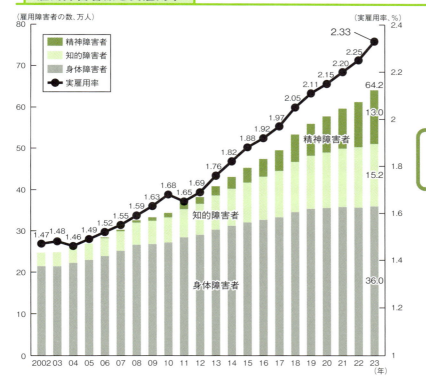

働く障害者の数は年々増加傾向にあります。

雇用施策との連携による重度障害者等就労支援特別事業

○企業が障害者雇用納付金制度に基づく助成金を活用しても支障が残る場合や、重度障害者等が自営業者等として働く場合等で、自治体が必要と認めた場合に支援
○実施主体…市町村等（補助率：国 50／100以内、都道府県 25／100以内）

地域生活支援促進事業の市町村事業として、重度障害者等が働くための支援を行っています。

08 障害者雇用促進法の基本的理念

09
国、自治体、事業主の責務

▶ 国や自治体による積極的な雇用も求められる

　もともと社会福祉は宗教団体や篤志家などによる施しが始まりであり、あくまでも個人、団体の活動として行われていました。その後、国が制度をつくり、その足りない部分を民間団体等が埋めていく、という流れが続いてきています。本来、社会福祉は社会保障制度の一つとして国や自治体が中心となって行うべきものです。そのため、国や自治体はその時勢に合わせて、率先した取り組みを行っていくことが求められています。障害者雇用促進法においても、国や地方公共団体の役割が示されています。具体的には、**自ら率先して障害者雇用を進めていくこと**が求められているほか、**障害者雇用について企業や国民の理解を深めていくこと**などが求められています。

　国は過去、本来雇わねばならない障害者数を間違えて計算し、大幅な雇用率不足となりました。障害者雇用を進める中核となる国や自治体には、施策のみならず、障害者雇用のあり方についても率先して模範を示してほしいと思います。

▶ 雇用主、障害者、ともにWIN-WINな関係であること

　障害者雇用における民間企業の役割は大きなものとなっていますが、企業が「雇ってやっているんだ」という考えでは、双方にとって利益になりません。過去には障害者雇用を行う裏で虐待を行っていたことが明るみに出て、話題となった事件も存在します。法律では事業主の責務として、雇用した障害者が職業人として自立できるよう努力していることに対して協力すること、適正な雇用管理や能力開発を行うなかで、雇用の安定を図ることを求めています。雇う側と雇われる側の双方がお互いを求め合えるような関係になる努力をし続けることが大切なのです。

障害者雇用を行う側の責務　図

国、地方公共団体、事業主の責務

国および地方公共団体の責務	国および地方公共団体は、自ら率先して障害者を雇用するとともに、障害者の雇用について事業主その他国民一般の理解を高めるほか、事業主、障害者その他の関係者に対する援助の措置および障害者の特性に配慮した職業リハビリテーションの措置を講ずる等、障害者の雇用の促進およびその職業の安定を図るために必要な施策を、障害者の福祉に関する施策との有機的な連携を図りつつ総合的かつ効果的に推進するように努めなければならない
事業主の責務	すべて事業主は、障害者の雇用に関し、社会連帯の理念に基づき、障害者である労働者が有為な職業人として自立しようとする努力に対して協力する責務を有するものであって、その有する能力を正当に評価し、適当な雇用の場を与えるとともに適正な雇用管理ならびに職業能力の開発および向上に関する措置を行うことによりその雇用の安定を図るように努めなければならない

※事業者と事業主は同一の意味で使われています。本書では、事業者を使用しますが、障害者雇用促進法では、事業主と表記しているため、法文については、事業主と表記します。

使用者による障害者虐待の事案例

水戸アカス事件	工場で働いていた障害者等に対して、身体的虐待、性的虐待が横行していた。また賃金についても不当に低い金額にされていた
サン・グループ事件	知的障害のある従業員に対し激しい虐待を繰り返してきた。またそのような状況を放置してきた行政側の責任も追及された

どちらも当時は、障害者雇用に積極的である、と社会には見られていました。今後このようなことがないよう、国、自治体と企業が連携した取り組みが求められます。

09　国、自治体、事業主の責務

10 障害者雇用対策基本方針

🟢 5年間の舵取りを任せる方針

さて、実際に障害者雇用政策を進めていくにあたって、その指針として作成されるのが、**障害者雇用対策基本方針**です。

障害者雇用対策基本方針は、障害者の雇用の促進およびその職業の安定に関する施策の基本となるものであり、①障害者の就業の動向に関する事項、②職業リハビリテーションの措置の総合的かつ効果的な実施を図るため講じようとする施策の基本となるべき事項、③そのほか、障害者の雇用の促進およびその職業の安定を図るため講じようとする施策の基本となるべき事項、の三つを定めることとなっています。なお、近年では精神障害者の法定雇用率への参入など、障害者雇用の動向はその時々の時勢で変化します。そうした社会情勢に合わせたものとなるよう、5年ごとに見直しがなされています。

🟢 2023（令和5）年度からはテレワークにも言及されている

現在は2023（令和5）年度から2027（令和9）年度までの期間の方針となっています（2024（令和6）年現在）。この指針では、2022（令和4）年6月1日時点の雇用障害者数は61.4万人、実雇用率は2.25％と決して少ない数字ではありませんが、中小企業での雇用はまだ十分なものではないことが伺えます。見直しの内容としては、2022（令和4）年の法改正で所定内労働時間が週10時間以上20時間未満の障害者の一部が雇用率算定の対象になったことや、雇用率の見直しや障害者基本計画の見直しをふまえたものとなりました。また、テレワークに対する言及もなされており、==一般企業で一般化しつつあるテレワークは、働くためのハードルを低くできる一つの手段となり得る==でしょう。

障害者雇用対策基本方針（抜粋）　図

	主な内容
障害者雇用率制度の達成指導の強化	障害者雇用のさらなる促進にあたって、必要に応じて、特例子会社制度のほか、企業グループに係る算定特例といった制度の積極的な周知を図り、その活用も促す
精神障害者の雇用対策の推進	企業で雇用される精神障害者数をさらに増加させることを目指し、企業に対する支援や、精神障害者に対するさらなる就労支援の充実を図る
発達障害者、難病患者等に対する支援	それぞれの障害特性等に応じたきめ細かな職業リハビリテーションを実施
事業主に対する援助・指導の充実等	障害者雇用ゼロ企業等の障害者雇用の経験のない事業主に対しても、障害者雇用に対する理解を深め、障害者雇用に取り組むきっかけづくりを行う事業主に対する助言等を行い、雇用の質の向上のための取り組みを促進
中小事業主の認定制度の普及・実施	先進的な取り組みを進めている事業主が社会的なメリットを受けることができるよう認定制度を実施、普及
障害者の雇用の維持、解雇の防止と再就職対策の強化等	公共職業安定所において、中途障害者を含む在職中の障害者の状況について、必要に応じ、適時のアセスメントの実施を通じて把握・確認を行う
重度障害者の雇用・就労の確保	福祉施設等や特別支援学校等から一般雇用に就くために、特に支援が必要な場合については、適切なアセスメントを実施
多様な雇用・就労形態の促進	通勤が困難な障害者、感覚過敏等により通常の職場での勤務が困難な障害者、地方在住の障害者等に対し、テレワークを推進する
適切な雇用管理の確保等	助成金等を活用しながら、きめ細かな雇用管理が行われるよう、事業主の理解の促進を図る
関係機関との連携等	公共職業安定所を中心とした「チーム支援」を推進
障害者雇用に関する啓発、広報等	広く国民一般を対象とした啓発、広報を推進
研究開発等の推進	実態把握のため、基礎的な調査研究や統計データの収集・整理を計画的に推進 障害者手帳を所持しない者の就労困難性を把握するための研究
国際的な取り組みへの対応等	障害者権利条約やその総括所見等をふまえ、必要な措置を講じる

10　障害者雇用対策基本方針

11 障害者活躍推進計画

▶ 働きやすい環境をつくるための計画策定

　2018（平成30）年に多くの機関において障害者雇用の対象にならないのに、障害者雇用をしている、と誤った対応をしていることが大きなニュースとなりました。また、雇用したとしても、その障害特性を配慮した配置をしなければ、結局「雇っているだけ」で終わってしまい、数の上では条件を満たしてはいるものの、活躍することができない状況が続いてしまいます。そのような働き方は障害者本人も望んでいないでしょう。**かれらが生き生きと働くことができる場を提供するための取り組みが必要**です。

　そのため、国の各機関や地方公共団体の長などの任命権者は、それぞれの団体において**障害者活躍推進計画**を策定しなければなりません。障害者活躍推進計画は、障害者雇用対策基本方針に基づいて、障害者がそれぞれもっている能力を活かして業務を行えるように作成された障害者活躍推進計画作成指針に基づいて策定されます。

▶ 業務の切り分けや働き方を考える

　障害者活躍推進計画は、計画の期間や、障害者の職業生活における活躍推進の取り組みによって達成しようとする目標、その取り組みの内容などを示すことになっています。例えば、障害者雇用を進めるにあたっては、各障害の特性を理解し、何が苦手で、どのようなフォローがあれば仕事ができるのか、などの業務の切り分けが重要になってきます。そのためには雇用を進めるにあたってのチーム編成や職員の理解を深めていくための研修等が欠かせません。当然物理的な環境のみならず、テレワークやフレックスなどの制度における調整が必要になってきます。また、いつまでも同じ仕事をさせるのではなく、その後のキャリア形成をふまえた人事計画を立てることが望まれます。

障害者活躍推進計画の内容 図

障害者活躍推進計画で検討すべき内容

働き方
キャリア形成、フレックス制などの活用

所属
定期面談
支援担当者の配置
情報共有体制の構築

職場環境の配慮
特性に配慮した作業施設、福利厚生施設の整備

外部関係機関
生活支援
ハローワーク
外部の専門家

人事管理
職務の選定
合理的配慮事例の公表
相談支援体制の確保

取り組み内容の例

職務環境	UDトークや音声読み上げソフトなどの就労支援機器を提供 作業マニュアルの作成
募集・採用	障害者枠の採用選考の実施 特定の障害を排除するような取り扱いをしない 受験者からの要望をふまえた障害特性への配慮 業務経験をふまえたマッチング
働き方	時差出勤、テレワークの実施 柔軟な休憩時間の設定 ジョブコーチの面談 配慮事項等に基づいた措置の実施
キャリア形成	一般雇用と変わりないキャリア支援 人事考課の面談の実施
その他	定期的な面談から勤務状況の確認や体調配慮等を実施 必要に応じて支援機関との連携を実施

11 障害者活躍推進計画

12
障害者職業カウンセラー

▶ 地域障害者職業センターに配置される専門職

　障害者雇用を進めていくにあたって、企業の側からするとどのような取り組みをすればよいのか、どんな支援がいるのかわからないことも少なくありません。また障害者自身もどのような訓練をしたらいいのか不安に思う人も少なくないでしょう。そのため障害者雇用においてはそれを支える専門職の役割は大きなものとなっています。

　その一つが、障害者雇用促進法に規定されている**障害者職業カウンセラー**です。これは独立行政法人高齢・障害・求職者雇用支援機構が各都道府県に設置する地域障害者職業センターに配置することが義務づけられているもので、障害者職業カウンセラー職の採用試験に合格後、指定された研修を受けることで得られる資格です。障害者職業カウンセラーになるための基礎的な資格は特にありませんが、業務内容から社会福祉学や心理学、教育学などのバックグラウンドが求められる仕事といえるでしょう。

▶ 職業リハビリテーションの要となる存在

　障害者職業カウンセラーは、**地域障害者職業センター**において、就労を希望する障害者に対してどのような**職業リハビリテーション**が必要か、そのための計画立案やカウンセリング、**職業準備支援**などを行い、これから就労を目指す障害者の支援を**評価アシスタント**とともに行っていきます。それだけではなく、就職した後、継続的に勤務ができるよう職場適応指導を行うほか、企業に対してもどのような対応が必要になるのか等の助言・援助、休職した障害者の職場復帰支援なども行います。その他関係機関に対する連絡調整やケース会議など、障害者が安心して仕事ができるような環境を整えていくための土台づくりが求められています。

障害者職業カウンセラーの役割　図

障害者職業カウンセラーの業務内容

障害者に対する職業評価(職業リハビリテーション計画の策定)

障害者に対する職業指導(職業リハビリテーションカウンセリング)

障害者に対する職業準備支援、OA講習(職業準備訓練、職業講習)

障害者および事業主に対する職場適応援助者(ジョブコーチ)による支援

障害者および事業主に対する職場復帰支援

障害者に対する職場適応指導

事業主に対する障害者の雇用管理に関する事項についての助言・援助

職場適応援助者の養成・研修

知的障害者および重度知的障害者の判定(原則として、障害者職業カウンセラーとして2年以上の経験を有する者)

上記に付随し、関係機関との連絡・調整、関係機関に対する専門的な職業リハビリテーション技法の提供、職業リハビリテーションに関する情報の収集・提供、ケース会議の運営等を実施

障害者職業カウンセラーになるには

入職

前期合同講習（1か月程度） → 実地講習（9か月程度） → 後期合同講習（2か月程度） → 障害者職業カウンセラーとして勤務

地域障害者職業センターにおいて障害者職業カウンセラーとして必要とされる基礎的な知識および技術を付与するための講習を1年かけて実施する
合同講習は障害者職業総合センターで、実地講習は各地の地域障害者職業センターで行う

その後もフォローアップ研修や専門研修等が実施されるなど、常に研鑽が求められます。

13 ジョブコーチ

▶ 安心して働ける状態をつくる

　障害者の就労支援にかかわる専門職としては、実際に現場に出向いて支援を行うジョブコーチがあります。**ジョブコーチ**は障害者職業カウンセラーが立てた支援計画に基づいて、実際に支援を行います。就職するための支援だけでなく、就職後の**職場適応支援**を行います。また、企業側に対して、一緒に働いていく上でどのような点に注意が必要かといった助言や、業務の切り分けなどについても一緒に考えます。

　ジョブコーチは障害者の就労後、一定の期限を決めてかかわっていくことになります。概ね2～4か月が標準で、状況に応じて1～8か月までの間で調整を行います。そのなかで、職場内での体制を整え、安心して働ける状況をつくっていきます。

▶ ジョブコーチにも種類がある

　具体的な支援の内容としては、作業ミスを減らしたり、作業能率を上げるといった仕事への適応や職場内でのコミュニケーション支援のほか、職場内の指導者に対してどのように指導をすることが望ましいのかといった助言・提案、また障害者の家族への助言と多岐に渡ります。取り組みの流れについても、**特に就職したばかりの段階では障害者・企業ともに不安が大きいことから集中的にかかわり、徐々に職場の担当者へ支援を引き継いでいく移行に向けた支援を展開します。**

　地域障害者職業センターに配置されているジョブコーチのほか、研修を受けて福祉施設から派遣される**訪問型ジョブコーチ**や、企業に在籍をしながら職場内の支援を行う**企業在籍型ジョブコーチ**があります。近年では一部の大学でジョブコーチの養成を行うなど、障害者雇用を進めていくためのジョブコーチの育成にも関心が高まっています。

ジョブコーチによる支援 図

ジョブコーチの種類

配置型	地域障害者職業センターに配置されるジョブコーチ 就職等の困難性の高い障害者を重点的な支援対象として自ら支援を行うほか、訪問型ジョブコーチおよび企業在籍型ジョブコーチと連携し支援を行う場合は、効果的・効率的な支援が行われるよう必要な助言・援助を行う
訪問型	障害者の就労支援を行う社会福祉法人等に雇用されるジョブコーチ
企業在籍型	障害者を雇用する企業に雇用されるジョブコーチ

訪問型と企業在籍型はそれぞれに合わせた研修を受けることが必要です。

ジョブコーチの支援のしくみと標準的流れ

・障害特性に配慮した雇用管理に関する支援
・配置、職務内容の設定に関する支援

事業主
（管理監督者・人事担当者）
上司・同僚

・職務の遂行に関する支援
・職場内のコミュニケーションに関する支援
・体調や生活リズムの管理に関する支援

障害者
家族

・障害の理解に関する社内啓発
・障害者とのかかわり方に関する助言
・指導方法に関する助言

職場適応援助者
ジョブコーチ

・安定した職業生活を送るための家族のかかわり方に関する助言

支援期間1～8か月（標準2～4か月）

集中支援／週3～4日訪問　　移行支援／週1～2日訪問　　フォローアップ

| 職場適応上の課題を分析し、集中的に改善を図る | 支援ノウハウの伝授やキーパーソンの育成により、支援の主体を徐々に職場に移行 | 数週間～数か月に一度訪問 |

※「雇用前から」「雇用と同時に」「雇用後に」と、必要なタイミングで開始します。

14 障害者に対する差別の禁止

▌雇用分野の差別禁止

　障害者差別解消法において、障害者に対する差別が禁止されていますが、障害者雇用促進法でも同様に差別禁止の項目が設けられています。ここでは、障害者雇用に関するさまざまな差別を禁止しています。

　「障害者だから」という理由だけで雇用をしなかった、給料を不当に下げた、などは明確な差別としてわかりやすいところでしょう。一方で「ちゃんと雇用しているし、最低賃金は守っている」という場合でも、仕事内容で差別を行っているようなこともあり得ます。例えば、労働能力を評価した上で、その人の能力に応じた仕事を振り分けることは差別に該当しませんが、ただ単に「障害者だから」と、一方的に単純作業に振り分け、それに対する意見を聞かないなどは差別に該当します。

▌合理的配慮と紛争解決制度

　差別禁止とともに、合理的配慮の提供が企業には義務づけられています。例えば、募集段階では、視覚、聴覚などに障害がある場合、点字や音声、筆談などによって対応することや、就労時についても各障害の内容や本人の状況に合わせて環境の整備、休憩の配慮などを、過重な負担でない範囲で行っていくことが必要です。

　企業側が対応しているつもりでも、必要な配慮が欠けている場合もあります。そのような場合に、気兼ねなく相談をすることができる環境も大切です。企業側も障害者を雇用する上で気づかないことも少なくないため、そのようなことを減らす上でも相談窓口の設置は重要なものになります。なお、トラブルについては双方の間で解決ができなかった場合は、労働局に介入してもらうことも可能です。

雇用における障害者差別への対応　図

雇用における障害者差別の例

差別に該当する内容
・障害者であることを理由として、障害者を募集または採用の対象から排除すること
・募集または採用にあたって、障害者に対してのみ不利な条件を付すこと
・採用の基準を満たす者の中から障害者でない者を優先して採用すること

差別に該当しない内容
・積極的差別是正措置として、障害者を有利に取り扱うこと
・合理的配慮を提供し、労働能力などを適正に評価した結果、異なる取り扱いを行うこと
・合理的配慮の措置を講ずること

など

募集・採用、賃金、配置、昇進、降格、教育訓練などの各項目において、障害者であることを理由に障害者を排除することや、障害者に対してのみ不利な条件とすることなどが、差別に該当します。

合理的配慮の手続き

① 募集、採用時
障害者から企業に対し、支障となっている事情などを申し出る

② 採用後
企業から障害者に対し、職場で支障となっている事情の有無を確認する

③ 措置の調整
合理的配慮に関する措置について、障害者と企業で話し合う

④ 調整後
措置の内容および理由を説明

紛争解決制度

労働者　⇔　企業
　↓
自主的解決

解決しない場合
↓
都道府県労働局 職業安定部に相談

簡単な手続きで、迅速に行政機関に解決してもらいたい場合	公平、中立性の高い第三者機関に援助してもらいたい場合
都道府県労働局長による助言・指導・勧告	障害者雇用調停会議による調停

14　障害者に対する差別の禁止

15 法定雇用率

▐ 企業には一定数の障害者を雇う義務がある

　多くの企業が障害者を雇用するための施策として、**法定雇用率**が設定されており、これは各企業が雇うべき障害者数を、企業の規模に応じて設定するというものです。「この制度があるから雇っている」という企業も少なくはないでしょうが、まずは雇うところから始め、障害者雇用をより効果的に進めていってもらうことが期待されます。

　法定雇用率は労働市場の状況等を勘案して概ね5年ごとに見直しがなされています。ここでいう障害者とは、基本的には各種障害者手帳を有している人となりますが、都道府県知事が指定する医師の意見書や精神保健指定医、地域障害者職業センターによる判定書を保有している人等も対象となります。

▐ 達成できない場合の行政指導

　法定雇用率は、定期的に見直されており、民間企業では2024（令和6）年度で2.5％、2026（令和8）年7月からは2.7％となっています。2024（令和6）年の段階では40人以上の労働者を雇用している企業は、障害者を1人以上雇用しなければなりません。それ以下の企業は雇用義務は生じませんが、法定雇用率が上がるにつれ、障害者雇用を求められる企業規模は小さくなっていくことになります。なお、行政機関等については、民間企業よりも高い水準を求められています。

　法定雇用率を達成できない場合、ハローワークによる雇入れ計画の作成などの行政指導が行われることになっています。雇いたくても人が来ない、などの状況もあると思いますが、一向に雇い入れる様子が見られない場合、企業名が公表されます。できる限りの努力が企業には求められています。

障害者雇用率制度 図

法定雇用率

一定数以上の従業員がいる企業には、法定雇用率が設定されている
例えば、1000人の企業であれば25人の障害者を雇うことが求められる。この数値は企業ごとに設定され、従業員数が多くなればなるほど、法定雇用率を達成することが大変になる。また、業務の切り分けをどのように行うのかが課題となる

障害者雇用率制度

期間	民間企業	国、地方自治体	都道府県等の教育委員会
2024（令和6）年4月から 2026（令和8）年6月末まで	2.5%	2.8%	2.7%
2026（令和8）年7月以降	2.7%	3.0%	2.9%

週所定労働時間	30時間以上	20時間以上30時間未満	10時間以上20時間未満
身体障害者	1	0.5	—
重度	2	1	0.5
知的障害者	1	0.5	—
重度	2	1	0.5
精神障害者	1	1（※）	0.5

重度障害者は、1人を2人として計算

短時間労働者は、1人を0.5人として計算

※：当分の間の措置として、精神障害者である短時間労働者は、雇入れの日から期間等にかかわらず、1人をもって0.5人のところ、1人とみなすこととしている。

障害者雇用率達成指導の流れ

雇用状況報告（毎年6月1日の状況） — ハローワークに提出
↓
雇入れ計画作成命令（2年計画） — ハローワークの長が命令
↓
雇入れ計画の適正実施勧告 ← 計画の実施状況が悪い場合
↓
特別指導 ← 特に遅れている場合に実施
↓
企業名の公表

特に不足数が多い場合は、厚生労働省本省から指導を行う場合もある

15　法定雇用率

16 特例子会社

▶ 障害者雇用のための別会社の制度

特例子会社制度は、親会社となる企業が障害者の雇用に特別の配慮をした子会社を設立し、一定の要件を満たす場合には、特例としてその子会社に雇用されている労働者を親会社に雇用されているものとみなして、実雇用率を算定できる制度です。この制度により、障害の特性に配慮した業務をつくり出しやすくなることや、本体企業と違う労働条件を設定することができるため、弾力的な取り組みがしやすくなります。

配慮された環境を用意されることで安心して働きやすいことがメリットとなりますが、一方で、一般企業でほかの人と同じように働きたい障害者も当然いることから、「障害者だから特例子会社に」という安易な考えは避けなければなりません。

▶ グループで算定する形式

特例子会社には各企業の事務業務を担う会社や、実際に製品を作成する会社など、さまざまな形があります。基本的には親会社と特例子会社によって構成されるものですが、親会社が関係会社を含めて構成する**グループ適用**も認められています。

その他、特例子会社は設置していないものの、複数の関係子会社をもち、一定の要件を満たして厚生労働大臣が認めた場合は親会社、子会社含んで合算して雇用率を算定できる**企業グループ算定特例**、中小企業が事業協同組合などを活用して協同事業を行い、一定の要件を満たして厚生労働大臣が認めた場合に事業協同組合と組合員である中小企業で法定雇用率を合算できる**事業協同組合等算定特例**があります。

これらの制度を活用し、法定雇用率をただ達成するのではなく企業、障害者ともにメリットのある形で運営できるようになることが望まれます。

特例子会社制度 　図

特例子会社認定の要件

親会社の要件	○親会社が、当該子会社の意思決定機関（株主総会等）を支配していること（具体的には、子会社の議決権の過半数を有すること等）
子会社の要件	①親会社との人的関係が緊密であること（具体的には、親会社からの役員派遣等） ②雇用される障害者が5人以上で、全従業員に占める割合が20％以上であること。また、雇用される障害者に占める重度身体障害者、知的障害者および精神障害者の割合が30％以上であること ③障害者の雇用管理を適正に行うに足りる能力を有していること（具体的には、障害者のための施設の改善、専任の指導員の配置等） ④その他、障害者の雇用の促進および安定が確実に達成されると認められること

特例子会社制度

特例子会社制度
（2002（平成14）年10月から施行）

親会社
↓ ・意思決定機関の支配
　・役員派遣等
特例子会社

→特例子会社を親会社に合算して実雇用率を算定

2023（令和5）年6月1日現在　598社

グループ適用

関係会社 ← 親会社 → 関係会社
　　　　　　↓
　　　　特例子会社

・意思決定機関の支配
・意思決定機関の支配・役員派遣等
・営業上の関係、出資関係または役員派遣等

→関係会社を含め、グループ全体を親会社に合算して実雇用率を算定

2023（令和5）年6月1日現在　362グループ

企業グループ算定特例
（2009（平成21）年4月から施行）

※すべての子会社が対象

親会社
意思決定機関の支配
関係子会社　関係子会社　関係子会社　関係子会社　関係子会社

→親会社・子会社すべてを含む、グループ全体を合算して実雇用率を算定

2023（令和5）年6月1日現在　115グループ

16　特例子会社

17 一般事業主の障害者の雇入れに関する計画

▊ 雇入れについて考える機会に

　障害者の法定雇用率が未達成だった場合に作成することが指導される**雇入れ計画**は、障害者雇用促進法で定められているもので、企業に計画的に障害者雇用を進めてもらうための制度の一つです。

　現実問題、障害者雇用を導入したいものの、どう進めればよいのかわからない、ということも少なくありません。先述のとおり、そのための専門職として**障害者職業カウンセラー**や**ジョブコーチ**などがいるのですが、これらの存在を知らない企業も一定数あり、結果として法定雇用率が未達成になってしまうことがあり得ます。このような状況の企業に対して、どのような対応をすれば障害者雇用が進むのか、ハローワークの雇用指導員が一緒になって検討をしてくれる機会としてとらえることができるでしょう。それでも進まない場合に**雇入れ計画書**を提出することとなります。

▊ 企業ごとの状況に合わせた雇用のあり方を考える

　ハローワークは①実雇用率が前年の全国平均実雇用率未満、かつ、不足数が5人以上であること、②不足数が10人以上であること、③法定雇用の義務がある障害者数が3人または4人であり、雇用障害者数が0人であること、のいずれかに該当する場合に雇入れ計画作成の命令を出すことになっています。それでも不十分であれば特別指導を行い、一向に改善されない場合に企業名公表へと続きます。残念ながら2023（令和5）年では1社が公表される結果となりましたが、一方で特別指導を受けた企業のうち半数以上が雇用義務を達成しています。どのようすれば障害者雇用を進められるのかを、各企業の状況ごとに考えて取り組んでほしいと思います。

障害者雇入れ計画　図

障害者雇用ゼロ企業に対する提案型雇用支援の推進

就職支援コーディネーター

障害者雇用推進チーム
- ハローワーク
- 自治体
- 地域障害者職業センター
- 障害者就業・生活支援センター
- 福祉事業所

支援計画
- ・職場実習の実施
- ・就労移行支援事業所や特別支援学校の見学
- ・企業向けセミナー
- ・業務の切り出し支援
- ・求人受理
- ・各種助成金制度の活用支援
- ・ジョブコーチ等の活用案内
- ・職場定着支援

準備段階 → 採用活動 → 採用後

2023（令和5）年度の特別指導の結果

対象企業の状況

規模別		
	1,000人以上規模企業	12社
	1,000人未満規模企業	35社

産業別		
	建設業	1社
	製造業	5社
	情報通信業	4社
	運輸業、郵便業	1社
	卸売業、小売業	14社
	金融業、保険業	1社
	不動産業、物品賃貸業	3社
	学術研究、専門・技術サービス業	0社
	宿泊業、飲食サービス業	2社
	生活関連サービス業、娯楽業	3社
	教育、学習支援業	1社
	医療、福祉	4社
	複合サービス事業	1社
	サービス業（他に分類されないもの）	7社
合　計		47社

指導の結果

雇用義務を達成した企業	28社
全国平均実雇用率を上回った企業	6社
法定雇用障害者数3～4人企業で障害者を1人以上雇用したなど、公表基準に該当しなかった企業	8社
実雇用率が速やかに全国平均実雇用率以上または、不足数が0人となることが見込まれるもの（公表猶予）	4社
公表に至った企業	1社
合　計	47社

公表企業数の推移

2021（令和3）年度	6社
2022（令和4）年度	5社（3社）
2023（令和5）年度	1社（1社）

（　）内は内数としての再公表企業数

17　一般事業主の障害者の雇入れに関する計画

18 雇用納付金

▶ 100人以上の企業が対象

　障害者を雇用していくためには、例えば、作業施設や設備を改善したり、職場環境の整備をするなど、通常の雇用よりもコストがかかることが想定されます。そのため、国としても、そのコスト部分を調整していくことが必要になってきます。その調整については、国と地方自治体や企業が共同して取り組んでいくことが求められるとして、**障害者雇用納付金制度**が設けられています。

　障害者雇用率制度は2024（令和6）年度時点で40.0人（2026（令和8）年7月からは37.5人）以上を雇用している事業主（国、地方自治体含む）に義務化されているものではありますが、主な対象は常時100人以上を雇用している事業主となっています。

▶ 納付金を払えばよい、という考えからの脱却

　法定雇用率によって、各事業主に求められる障害者の雇用人数には差があります。例えば100人の事業主であれば3人、1000人の事業主であれば25人（いずれも2024（令和6）年度時点）です。この数字に満たなかった事業主については、雇用納付金として、一人足りないごとに月額5万円を納付することが必要となります。この納付金は後ほど説明する**障害者雇用調整金、報奨金、在宅就業障害者特例調整金、在宅就業障害者特例報奨金**および**各種助成金**の財源として使用されることになっています。

　なお、雇用納付金の5万円を払うほうが一人雇用するよりは安くつく、と考えてしまう事業主もいるかもしれません。そうではなく、あくまでも障害があっても働ける機会を創出していくための努力を行い、その結果充足できなかった分を金銭として障害者雇用促進のために支払う、と考え方を変えていくことが必要ではないでしょうか。

雇用納付金制度 図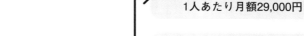

雇用納付金制度

障害者雇用納付金の徴収
1人あたり月額
50,000円

○常用雇用労働者の総数が100人を超える事業主は、
・毎年度、納付金の申告が必要
・法定障害者雇用率を達成している場合も申告が必要
・法定雇用障害者数を下回っている場合は、申告とともに納付金の納付が必要

→ 独立行政法人 高齢・障害・求職者雇用支援機構

- 障害者雇用調整金の支給 1人あたり月額29,000円
- 報奨金の支給 1人あたり月額21,000円
- 在宅就業障害者特例調整金の支給
- 在宅就業障害者特例報奨金の支給
- 各種助成金の支給

雇用納付金制度上の「常用雇用労働者」の範囲

雇用(契約)期間	例	週所定労働時間
雇用期間の定めがない労働者 雇用期間の定めがある労働者であって ①1年を超える雇用期間を定めて雇用されている者 ②一定期間を定めて雇用されている者であり、かつ過去1年を超える期間について引き続き雇用されている者または雇入れのときから1年を超えて引き続き雇用されると見込まれる労働者 ③日々雇用される者であって、雇用契約が日々更新されている者であり、かつ、過去1年を超える期間について引き続き雇用されている者または1年を超えて雇用されると見込まれる者	正社員 契約社員 非常勤職員 パート、アルバイト 等 (名称不問)	10時間以上

- 30時間以上の場合 → 短時間以外の常用雇用労働者(1人を1人とカウント)
- 20時間以上30時間未満の場合 → 短時間労働者(1人を0.5人とカウント)
- 10時間以上20時間未満の場合 → 重度身体・知的障害者と精神障害者の短時間労働者(1人を0.5人とカウント)

19 雇用調整金・報奨金

▶障害者を多く雇用した企業への雇用調整金

　雇用納付金を原資にして、障害者雇用を進めている企業にさまざまな助成を行っています。その一つが雇用調整金です。**雇用調整金**は常時雇用している労働者数が100人を超える事業主で障害者雇用率を超えて障害者を雇用している場合は、その超えて雇用している障害者数に応じて１人につき月額２万9000円を支給するものです。

　近年は障害者雇用を進める企業の増加に伴い、雇用調整金の支払額も増加しており、その結果、障害者雇用を進めていきたい企業へのサポートが不足する事態も起きています。そこで、2024（令和６）年度から支給対象人数が年120人を超える場合には、超過人数分への支給額が１人あたり２万3000円と従来よりも6000円削減となりました。この削減により、より多くの企業にサポートができる体制が整えられることになります。

▶中小企業を対象とする報奨金

　障害者納付金制度が適応される企業は100人以上の規模となっていますが、100人以下であることの多い中小企業は全体の99％、また製造業・その他の企業で従業員20人以下などの小規模企業は90％を占めています。このような中小企業にも障害者雇用を進めてもらうことが大切です。そのための措置として、常時雇用している労働者数が100人以下の事業主で、各月の雇用障害者数の年度間合計数が一定数（各月の常時雇用している労働者数の４％の年度間合計数または72人（６人×12か月）のいずれか多い数）を超えている場合は、１人あたり２万1000円を**報奨金**として支給します。なお、報奨金についても、支給対象人数が年420人を超える場合には、当該超過人数分への支給額が１人あたり１万6000円となることに注意が必要です。

雇用調整金 図

雇用納付金と雇用調整金の関係

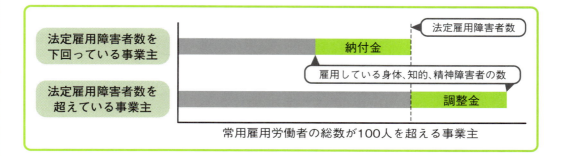

障害者雇用調整金の算定例：2023（令和5）年度

障害者雇用調整金の算定例

	令和5年4月	5月	6月	7月	8月	9月	10月	11月	12月	令和6年1月	2月	3月
①短時間以外の常用雇用労働者数	92	98	112	97	125	133	146	163	186	203	256	273
②短時間労働者数	4	5	5	5	4	6	6	6	6	7	7	7
③常用雇用労働者の総数 ①＋②×0.5	94	(100.5)	(114.5)	99.5	(127)	(136)	(149)	(166)	(189)	(206.5)	(259.5)	(276.5)

◯：100人を超える月

	令和5年4月	5月	6月	7月	8月	9月	10月	11月	12月	令和6年1月	2月	3月	合計
④法定雇用障害者数※ ③×法定雇用率(2.3%)	2	2	2	2	2	3	3	3	4	4	5	6	38（人）
常用障害者数	1.5	2	2	2.5	3	3	3.5	4	3.5	4	5	6.5	40.5（人）

※：「法定雇用障害者数」を算定するにあたって、「常用雇用労働者の総数」に法定雇用率を乗じて得た数に1未満の端数があるときは、1未満の端数を切り捨てます。

障害者雇用調整金の額
＝（各月の常用障害者数の年度間合計数 － 各月の法定雇用障害者数の年度間合計数）× 29,000円
＝（40.5人－38人）× 29,000円 ＝ 72,500円

20 在宅就業障害者 特例調整金・報奨金

▶ 在宅就業障害者の活用

　障害などのために出社して勤務することは困難であっても、在宅であればPC等を活用して就労することは可能、というケースも少なくありません。障害者雇用においては、事業所における通常の勤務日数が1週間あたり1日未満であり、かつ1週間あたりの事業所への出勤回数が2回未満である者を在宅勤務者と定義していますが、中途障害等を除いて、そのような例はそれほど多いわけではありません。

　そのため障害者雇用納付金申告もしくは障害者雇用調整金申請をした企業が、前年度に在宅で仕事をしている障害者に対して仕事を発注し、業務の対価を払った場合には、「調整額（2万1000円）」に「企業が当該年度に支払った在宅就業障害者への支払い総額を評価額（35万円）で除して得た数」を乗じて得た額の**在宅就業障害者特例調整金**を支給しています。同様に、報奨金申請をしている企業は、条件が満たされれば**在宅就業障害者特例報奨金**が支給されます。

▶ 間に入ってくれる団体もある

　在宅就業障害者として業務を請け負ってくれる人がどこにいるのかを知らなければ、この制度を利用することはできません。そのため、直接在宅で働く障害者に仕事を発注する以外にも、その間に入って支援を行う**在宅就業支援団体**を通じて業務を発注する場合についても特例調整金・特例報奨金の対象となっています。どのような団体があるのかなどは、高齢・障害・求職者雇用支援機構のホームページに掲載がされています。データ入力やDTP、WEBコンテンツ作成などのPC作業のほか、印刷業、軽作業など、それぞれ得意とする業務がありますので、業務を委託される際は参考にしてみるとよいでしょう。

在宅就業支援制度 図

特例調整金・特例報奨金制度

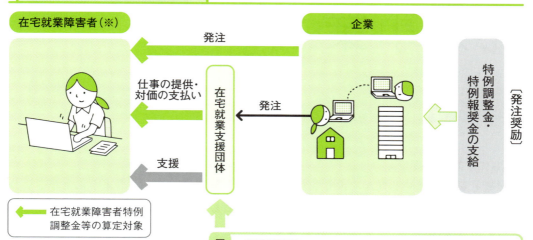

← 在宅就業障害者特例調整金等の算定対象

※：制度の対象となる障害者
障害者雇用率制度、障害者雇用納付金制度の対象者と同様、身体障害者、知的障害者、精神障害者（精神障害者保健福祉手帳所持者）が対象となる

登録要件
○在宅就業障害者に対して、就業機会の確保・提供のほか、職業講習、就職支援等の援助を行っている法人であること
○常時5人以上の在宅就業障害者に対して継続的に支援を行うこと
○障害者の在宅就業に関して知識および経験を有する2人以上の者を置くこと（うち1人は管理者とすること）
○在宅就業支援を行うために必要な施設および設備を有すること
＊初回の登録には登録免許税（15,000円）の納付が必要

 なお、法定雇用率未達成企業については、在宅就業障害者特例調整金の額に応じて、障害者雇用納付金が減額されます。

障害者雇用調整金と特例調整金の違い

障害者雇用調整金 （常時雇用する労働者100人超えの企業が対象）	特例調整金 （常時雇用する労働者100人超えの企業が対象）
法定雇用障害者数を超えて障害者を1人雇用する	例えば420万円の発注を行う（雇用1人分に相当する発注額）
障害者雇用調整金の額は1月あたり29,000円なので、**年間34.8万円を支給**	**年間25.2万円を支給** （年間発注総額が35万円以上の場合に支給が行われる）

20 在宅就業障害者特例調整金・報奨金

21 認定事業主

▶ もにす認定制度

　障害者雇用を進めるなかでよく聞かれる声に、「雇用した後、どのように業務を切り分けすればよいかわからない」「今まで身体障害者しか雇ったことがないので、知的障害者や精神障害者の雇用のノウハウがわからない」などがあります。そのため、実際に取り組みを進めているロールモデルの存在は、障害者雇用を進めていく上で非常に重要な要素になってきます。

　そのロールモデルとして期待される、障害者雇用を積極的に行っている中小企業を認定する制度が**「もにす認定制度」**です。この制度により、障害者雇用に積極的な中小企業の取り組みにインセンティブを与えるとともに、既に認定を受けた企業の取り組み状況を、地域における障害者雇用のロールモデルとして公表し、他社がそれを参考にしていくことで中小企業全体で障害者雇用の取り組みが進展することが期待されます。

▶ 積極的な取り組みを自社に引きつけて考える

　もにす認定を受けた企業は、その証明となる認定マークを使用できるほか、日本政策金融公庫の働き方改革推進支援資金における低利融資対象となります。またハローワークなどの求人票に認定マークがつく、厚生労働省や労働局のホームページに記載されるなど、自社が行っている取り組みを社会に周知することも可能となります。その他、公共調達等における加点評価を受けることができる場合もあります。

　障害者雇用は社会全体の課題であり、特定の企業だけが頑張るだけでは不十分です。より積極的な取り組みを行っている企業のことを社会全体が知ることで、より障害者雇用の輪が広がっていくことが期待されます。

もにす認定制度

障害者雇用優良中小事業主認定マーク

認定マークを表示できる商品等

・商品
・役務の提供の用に供する物
・商品、役務または事業主の広告
・商品または役務の取引に用いる書類または電磁気的記録
・事業主の営業所、事務所その他の事業場
・インターネットを利用する方法により公衆の閲覧に供する情報
・労働者の募集の用に供する広告または文書

共に進む（ともにすすむ）という言葉と、企業と障害者が共に明るい未来へ進むことを期待して名づけられています。

障害者雇用優良中小事業主の認定基準項目

大項目	中項目	小項目
取組（アウトプット）	体制づくり	①組織面
		②人材面
	仕事づくり	③事業創出
		④職務選定・創出
		⑤障害者就労施設等への発注
	環境づくり	⑥職務環境
		⑦募集・採用
		⑧働き方
		⑨キャリア形成
		⑩その他の雇用管理

大項目	中項目	小項目
成果（アウトカム）	数的側面	⑪雇用状況
		⑫定着状況
	質的側面	⑬満足度、ワーク・エンゲージメント
		⑭キャリア形成
情報開示（ディスクロージャー）	取組（アウトプット）	⑮体制・仕事・環境づくり
	成果（アウトカム）	⑯数的側面
		⑰質的側面

21 認定事業主

22 障害者職業生活相談員

■ 障害者の職業生活を支える職員

　実際に障害者雇用を行ってみると、さまざまな問題が出てくることがあると思います。業務の切り分けの問題や環境面の整備などのほか、障害者自身の働く上での悩みなども、実際に業務につくことで浮き彫りとなります。業務の受け入れ方や各種対応についてはこれまで登場した障害者職業カウンセラーやジョブコーチなどの活用が求められますが、もっと身近に相談できる人を配置して、誰もが働きやすい環境をつくることも必要です。そのため、5名以上障害者を雇用している事業所については、**障害者職業生活相談員**を専任し、職業生活全般における相談・指導を行うことが義務づけられています。なお、ここでいう事業所とは、本店、支店、工場、事務所などのように、一つの経営組織として独立性をもった施設、または場所をいいます。そのため、本社に人がいればいい、ともなりますが、それだと円滑な対応が困難になることも想定されるため、できるだけ障害者を雇用している場所に配置することが望ましいです。

■ 人事計画に福祉系人材の登用を

　障害者職業生活相談員になる要件には職業能力開発総合大学校で所定の課程を修了した者や、障害者の職業生活に関する相談、指導経験を有する者がありますが、そのような人を企業が事前に雇用しているケースはあまりありません。そのため資格認定講習が各都道府県で実施されています。
　講習は10時間以上ですが、それだけで十分とは言い難いものです。今後、障害者雇用が広まっていくなかで、社会福祉学や心理学、障害者支援についてしっかりと学んできた者を意図的に雇用するなど、今後の人事計画を考えていくことが求められます。

障害者職業生活相談員とは 図

障害者職業生活相談員のしくみ

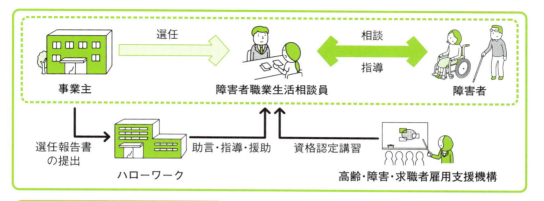

障害者職業生活相談員の職務内容

適職の選定、職業能力の向上など職務内容、障害に応じた施設設備の改善など作業環境の整備、労働条件、職場の人間関係など職場生活、余暇活動等の相談・指導を行い、多岐に渡り、障害者の職業生活を支える

障害者職業生活相談員の対象事業所

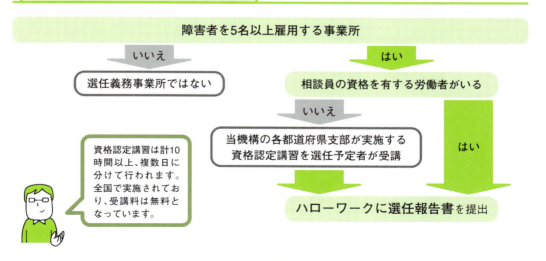

22 障害者職業生活相談員

第1章参考文献

- 内閣府「令和6年4月1日から合理的配慮の提供が義務化されました」リーフレット
- 内閣府「障害者差別解消支援地域協議会の設置・運営等に関するガイドライン（平成29年5月）」
- 厚生労働省「令和6年版 労働経済の分析」
- 秋田県「障害者活躍推進計画について」
- 厚生労働省「職場適応援助者（ジョブコーチ）支援事業について」
- 厚生労働省「障害者差別禁止指針」
- 厚生労働省「雇用分野における障害者差別は禁止、合理的配慮の提供は義務です」パンフレット
- 厚生労働省「「特例子会社」制度の概要」
- 「障害者職業総合センター」ホームページ
- 厚生労働省「在宅就業障害者に対する支援」
- 厚生労働省「障害者雇用に関する優良な中小事業主に対する認定制度（もにす認定制度）」

第 2 章

障害特性と合理的配慮の考え方

01

障害者雇用を始めるにあたってまず考えること

● 安心できる障害者雇用のために「知ること」の大切さ

　企業が障害者雇用を始めるとき、多くの場合は職場環境および業務内容の調整や対処法の「わからなさ」から不安が生じやすいでしょう。障害は「能力に制限がある」「特別扱いが必要である」というマイナスイメージが先行しがちです。こうしたイメージをもとに障害者雇用がスタートすると、消極的な姿勢で労働条件の設定や現場との調整を図ることとなり、企業にとっても障害者にとっても不安な障害者雇用になってしまいます。

　この不安を払拭するためにも、企業側は**「障害者と一口に言っても、人としての性格や長所、能力、困り感や症状は多種多様であること」**を知り、障害者側は**「受け入れ部署の業務や雰囲気などの現状」**を知ることが大切です。

● 障害者雇用の推進から、皆にとって働きやすい企業へ

　障害者雇用は、上手に個人の適性に合う環境や調整を行うことで活躍できる人材を採用できるしくみでもあるのです。採用担当者や受け入れ部署が障害や職場環境について「知る」ことは、消極的な「配慮をしなければならない」ではなく「その人の長所を発揮し、得意分野で活躍してもらうための調整」という視点での採用準備につながります。

　また、事前に受け入れ部署や採用担当者が障害者雇用に関する研修を受けることや専門機関の活用方法（➡第3章、第4章）および成功事例（➡第5章）を知ることも、障害者雇用を推進するにあたって効果的です。

　こうした**障害者を含む多様な人材を尊重できる職場づくりは、さまざまな人にとって安心して働きやすい企業文化の醸成**を促進していきます。

障害者雇用を始める際に考えておきたいポイント　図

障害者雇用における不安要素と対策

不安要素
→わからなさから生じる

対策

受け入れ部署の抵抗　→　受け入れ部署をサポートする

障害へのマイナスイメージ　→　長所やスキルのある人ととらえる

障害者雇用で想定されるトラブル　→　障害特性と配慮例を知る

障害者雇用を始めるまでに準備しておきたいこと

障害当事者についての理解

1　長所や性格、スキルの理解

2　障害の特性や困りごとの理解

3　力を発揮するための配慮の理解

受け入れ部署についての理解と準備

1　現状の把握

職場環境、人員、業務内容など

2　サポート体制の構築

研修、専門機関との連携、問題発生時の対策など

障害者本人を理解し、対応可能な配慮を知ることによる
「長所や得意分野で活躍してもらうための調整」
→さまざまな人にとって安心して働きやすい企業文化の醸成

01　障害者雇用を始めるにあたってまず考えること　　49

02 業務の切り出し・職場の環境設定についての考え方

▶ 適材適所――マッチングの考え方

業務の切り出し方については2通りあります。一つ目は、既存の部署から既にある業務に障害者を割り当てる方法です。特定の部署に配属し、その部署内の業務を割り当てる場合と、人事部などの部署に配属して、実際の業務は複数の部署から集めて割り当てる場合があります。この方法をとる場合、既存の部署や複数の部署にある業務の精査をしましょう。具体的には業務内容や業務量およびその流動性（日によって変動がある、ない、手順が決まっているか否か等）、上司や指導係など対人面、物理的な環境面の確認が挙げられます。こういった業務や環境に合う障害者の特性や得意不得意、スキルを検討します。二つ目は、採用したい障害者に合わせて職場環境や業務を用意する方法です。企業の風土に合い、採用したいと思う障害者のスキルや障害特性に合わせて、採用後に配属先を決定する**オープンポジション**と呼ばれる採用の手法があります。

▶ 合理的配慮――お互いに合意できる配慮の検討と定期的見直し

就労場面においては、障害者雇用促進法によって、雇用主は障害者の求めに応じて負担が重すぎない範囲で合理的配慮を提供することが義務づけられています。配慮対象は身体障害、知的障害、精神障害（発達障害を含む）、その他心身の機能の障害があるため、長期に渡り、障害生活に相当の制限を受け、または職業生活を営むことが著しく困難な人であり、必ずしも障害者手帳所持者に限定されません。**必要な配慮は、一人ひとりが抱える特徴や困りごとによって異なる**ため、本人からヒアリングを行うことが重要です。また、入社してから一定期間過ぎた後で必要な配慮が変化する場合もあります。企業と障害者がつど相談し、お互いに合意して実施し、適宜見直しを図ることが大切です。

障害者雇用における職場の環境調整　図

業務切り出し

1　既存部署からの業務切り出し

2　障害者に着目した業務切り出し（オープンポジション採用型）

合理的配慮：その人らしく生きるために可能な範囲で行われる配慮

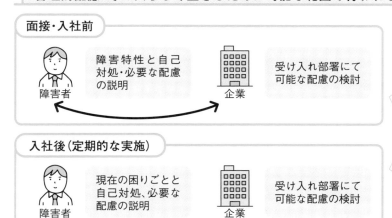

02　業務の切り出し・職場の環境設定についての考え方

03 肢体不自由のある人への合理的配慮

▶ 肢体不自由の特徴と困りごと、自己対処

肢体不自由とは上肢（腕や手指・肘関節など）の障害、下肢（股関節・膝関節など）の障害、座位・立位などの姿勢保持が難しい体幹障害、脳病変による運動機能障害（脳性まひ）が含まれ、複数の障害が合併している場合もあります。

職場で想定される困りごととして、上肢に障害がある場合、細かい作業や機器の操作、物の持ち運び、文字を書くことなどで困難があります。下肢に障害がある場合は、業務中同じ姿勢を保つことや立ち上がる、歩く、階段の昇降などが困難なため、移動に時間がかかることや、補助器具が必要になることがあるでしょう。本人の自己対処としては、歩行器具（クラッチや車いす）など補助機器の使用や移動支援の利用、移動の際に周囲へ声かけを行う、自分のできることとできないことの明確化などが考えられます。

▶ 配慮のポイント

具体的な受傷による影響と残存機能、代替機能によって、必要な配慮も異なります。多くの場合、**安全な職場の空間づくり**を工夫する必要があります。例えば、歩行に杖などが必要な場合や車いすを使用する場合、通行に配慮した職場の環境整備やレイアウト、ルール設定が有効です。また、机の高さや物の配置を調整することによっても業務効率の向上が期待できます。握力が弱い場合は手書きよりパソコン入力のほうが負担の軽減となります。手の可動域によってはパソコンの周辺機器についても工夫が可能です。通勤面の配慮としては、時差出勤など、混雑時を避けるような対応も考えられます。その他、身体の部分損傷や肢体不自由の二次的な困りごととして、疲れやすい場合や、ストレスに弱い場合もあり、**個人的要因についての配慮**が必要な場合もあります。

肢体不自由のある人への配慮と事例

物理的環境の配慮例

- パソコン入力について、キーロック（誤入力防止）の活用、キーボードの大きさ（上肢の可動域が狭い場合、小さいほうが打ち込みやすい）、多機能マウスの導入など
- 上肢障害に左右差がある場合、機能が保たれている方面へ物を配置する
- 通りやすい通路の確保、コンセントの養生や棚・ロッカーの設置、固定位置で荷物を置くようにする

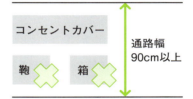

業務・通勤面への配慮例

- 人よりも疲れやすい場合、定期的な休憩を入れる
- 通勤で体力、精神面ともに大きく消耗するため、朝は負荷の高い業務を避ける、あるいは在宅勤務の日をつくる、時差出勤を認める
- ヘルパーの利用や通勤時の時間調整があるため、勤務時間を固定する

脳性まひのAさんの事例

Aさんは体調管理や正確性は強みだが、気温の上下が激しい季節に右手の震えや身体の傾きが強く出る状態があり、ふだんは行える筆記を伴う業務が難しいときや、人がいて通行できないことや、段差を乗り越えることを手伝ってほしいときに言葉が出てこず、人に声をかけられないことが困りごとであった。筆記業務が困難なときについてはパソコン入力をしてコピーし、それを手渡すようにした。また、通行できないときに丁寧に通してほしいことを伝えるセリフカードを事前につくり、困ったときはそれを読み上げる、あるいは見せるという形をとったところ、通行時に声をかけることや、助けを求めることができるようになった。

04

視覚障害のある人への合理的配慮

■ 視覚障害の特徴と困りごと、自己対処

　視覚障害は視力と視野に一定以上の障害があることを指します。視覚障害には、全く見えず、光も感じることができない全盲と、メガネなどを使っても視力があがらない弱視という種類があります。弱視の見え方は、ぼやけて見える、まぶしく感じて見えにくい、歪んで見える、一部の視野が欠損しているなどさまざまです。

　職場で想定される困りごととしては、人の顔を見分けることが難しく、声をかける相手を間違えることや、PC等の機械操作が困難なことで、作業に時間がかかる場合があります。また、段差や置いてあるものに気づかず、転倒やけがにつながる可能性があるでしょう。本人の自己対処としては、白杖の使用、移動支援サービスの活用、自分の見え方についての職場への共有および音声読み上げアプリの活用、職場レイアウトや座席配置の事前確認、困ったときに自ら声をかけて助けを求めることなどが考えられます。

■ 配慮のポイント

　まず、職場環境の配慮としては、**通路や部屋のレイアウトが安全かどうかの確認**や、段差や階段などを音や明るい色を用いてわかりやすくすることで、転倒などのリスクを予防することができます。業務に関する配慮としては、例えば、物品をとりやすい位置に置くことで作業効率の向上を図ることができます。業務資料についてはワープロなどを使って機械読み上げや、拡大表示ができるようにすることもよいでしょう。コミュニケーションに関する配慮としては、誰に話しかけているかを明確にするなど声かけの仕方を工夫することや仕事上かかわる人の座席配置の事前共有、時計の文字盤にたとえて説明する**クロックポジション**の活用が安心につながります。

視覚障害のある人への配慮と事例　図

物理的環境の配慮例

- 通路に物を置かない、角の鋭い什器等に保護材を貼る
- 段差や階段、手すり位置などについて明示するための目印（大きいマークや明るい色文字）、近づくと音が鳴る人感センサーの設置
- 部屋のレイアウトや座席位置の固定

業務面の配慮例

- 書類や物品の保管場所や部屋の座席位置を工夫することによる動線の確保
- 掲示文書や研修資料は見え方に応じて拡大して事前に渡す
- 電子データ提供によりパソコンで音声化して読む、画面拡大の使用

コミュニケーションの配慮例

- 話しかける際に「〇〇さん、××です、今話しかけていいですか」と自分の名前を伝えてから用件を話す
- 報告・連絡・相談は座席固定などで誰にいつ声をかけたらよいかを明示する
- 「これ」や「あそこ」の指示語ではなく、具体的な物の名称を使う
- 物の位置説明をするときは「2時の方向にペン立てがあります」など、時計の文字盤にたとえて説明する（クロックポジション）

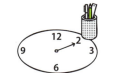

弱視のBさんの事例

Bさんは、相手の表情やタイミングがわかりづらいため報告・連絡・相談に苦手意識があり、また、業務指示が漠然としていて指示どおりこなすことに難しさがあった。そのため報告・連絡・相談について、上司や同僚が都合のよい時間帯を伝えた上で、それ以外の時間帯や誰かと会話しているときは待機し、Bさんから簡単な要件と「今いいですか？」と声をかけるというルール設定をすることで報告・連絡・相談の機会が増えた。
具体的な数字や物の名称で伝えることや、ファイルや書類の名前について正式名称を使うなどの配慮をしてもらい、指示どおりに業務をこなせることが増えた。

05
聴覚障害のある人への合理的配慮

▶ 聴覚障害の特徴と困りごと、自己対処

聴覚障害とは、聴覚に何らかの障害があるために聞こえないか、または聞こえにくいことです。聴覚障害でも、完全に聞こえない「ろう」と、完全には聴力を失っていない「難聴」の人がいますが、ここでは難聴の人をとりあげます。難聴の人のコミュニケーション手段には手話や指文字、筆談や空中に文字を書く空書、相手の口元を見て話の内容を理解する読話などがあります。

職場において想定される困りごととしては、広い空間で特定の声を拾いにくいため、声をかけられたときや、朝礼が始まったときに気づかない可能性があります。また、口頭での説明が長かったり、早口であると理解ができないことや、発語に困難がある人の場合には報告・連絡・相談などに難しさを感じることもあるでしょう。自己対処としては、音声の文字起こしソフトの使用や、相手の話が理解できないときに、話すスピードや明確さなど、具体的にどのように伝えてもらうとわかりやすいか相手に伝えることや、職場でよく使うフレーズなどを覚えておくことが考えられます。

▶ 配慮のポイント

手話でコミュニケーションができる環境が整った一般企業は少ないため、通常業務では**筆談**でのコミュニケーションか、**口話**（話し手の唇や口の動きから話の内容を読み取り、自分の話したいことを声に出して話す）のコミュニケーションをとることが多いです。筆談や口話の内容については理解しやすいように簡潔に伝えるなどの工夫が必要です。また、作業面の配慮として、電話対応の際や会議出席など、音声を聞くことが必要な場面が多い場合は、支援機器を導入することを検討するとよいでしょう。

聴覚障害のある人への配慮と事例 図

コミュニケーション面の配慮例

筆談でのコミュニケーション
・手書きやパソコン入力を、主に重要な伝達や業務指示などに活用する
・読みにくい文字、長文、曖昧な表現を避けポイントを明確に伝える

口話でのコミュニケーション
・顔を見て口をしっかり開け、意味のまとまりごとにゆっくり話す
・簡単で明瞭な表現を用いることやジェスチャーを加える
・本人にわかりやすい声かけの仕方を本人と事前に決める(手をふる、肩をたたくなど)

業務面の配慮例

・音声の文字起こしソフト・簡易筆談機器の使用や電話リレーサービス(聴覚障害者等と聴覚障害者等以外の者との会話を、通訳オペレータが手話・文字と音声を通訳することにより電話で双方向につなぐサービス)の導入
・長時間の会話後は休憩をはさみ、疲労によるミスを予防する

片耳難聴のCさんの事例

Cさんはこれまで、業務指示のペースが速いと聞き取れないこともあるが聞こえていると思われていることが多かったため言い出せず、理解できていなくても「わかった」と答えてしまう習慣があった。
企業と相談の上、理解の確認が必要な業務指示の際には、復唱をすることで実際に理解できているか確認してもらうようになった。また、会話のペースを落とし、聞こえやすい耳の方面から話しかけてもらうことで、業務指示が聞き取りやすくなり、理解度が高まった。このことによって、Cさんが理解できていないときはどういう状況なのかがわかるようになり、伝え方の工夫を同僚や仕事でかかわる人に伝達することによって、Cさんが業務指示を理解できる機会が増えた。

06 内部障害のある人への合理的配慮

▶ 内部障害の特徴と困りごと、自己対処

　身体障害者福祉法によると、心臓機能、じん臓機能、呼吸器機能、ぼうこうまたは直腸の機能、小腸機能、ヒト免疫不全ウイルスによる免疫機能、肝臓機能の障害が**内部障害**の対象とされています。内臓機能の低下により、ペースメーカーや人工呼吸器などを使用することや、定期的な通院や服薬、一時的な入院が必要な場合もあります。

　職場での困りごととしては、内臓機能低下のために疲れやすく、集中しにくいことや、たばこの煙など、特定の要因に苦しめられること、トイレに不自由があることです。

　本人の自己対処としては、症状悪化のサインや原因、使用する機器について企業に伝えることや、必要な休憩時間の把握、入院や通院計画を早めに伝え、スケジュール調整を行うことなどが挙げられます。

▶ 配慮のポイント

　職場環境面への配慮としてはペースメーカーや酸素ボンベ、人工呼吸器などの使用機器に支障の出るものや環境を遠ざけることが大切です。また内臓機能低下により、風邪等の感染症が重症化しないよう感染症対策を入念に行う必要があります。定期的な通院や入院、服薬が必要な場合には、勤務日程の調整などで対応できるでしょう。人工肛門・人工膀胱（ストーマ）を造設している場合、多機能トイレの整備も可能であれば検討したいところです。内部障害の二次的な症状として疲れやすさがある場合は、時差通勤や勤務場所の調整、作業の合間に休憩を適宜入れることが考えられます。

　内部障害は周囲からわかりづらいことが多く、日常場面で困っても我慢してきたケースが多いです。まずは相談してもよいという安心感をもってもらうことが大切です。

内部障害のある人への配慮と事例　図

職場環境面の配慮例

- 免疫が低下している場合、重症化予防のため換気や手洗いうがい等の社内感染症対策を徹底し、風邪をひいた人がいる場合は距離をとる
- ペースメーカーを使用している場合、電磁波を発するものを身体に近づけない（マグネットクリップ、携帯、IH炊飯器、電動工具など）
- 酸素ボンベや人工呼吸器を使用している場合、電源の確保、たばこの煙や消毒用アルコール、油類など、発火性、引火性のものを遠ざける
- 人工肛門・人工膀胱（ストーマ）を造設している場合、洗い流す場所のある多機能トイレの導入や近くにあるかの確認

勤務面の配慮例

- 定期通院がある場合、特定の曜日についての勤務時間調整
- 入院しての手術などまとまった休みが想定される場合、業務スケジュールの見直し
- 疲れやすさや症状悪化の兆候がある場合、本人にとって無理のないペース配分や業務について定期的に見直し、必要な休憩時間を確保する
- 適宜病状の変化に応じた相談がしやすい体制づくり

呼吸器機能障害のDさんの事例

Dさんは、本来は酸素ボンベがあるほうがよいが重量の兼ね合いで会社には持ってこられない状態であった。会社の入口付近に喫煙できるスペースがあり、近くを通るときに毎日息苦しさを感じていた。そのため、朝から調子のよくない状態で業務に取り組むことが多かった。
自分から相談をすることにためらいがあったが、企業との定期的な面談があったため、思い切ってそのことを伝えると、喫煙スペースの移動を検討してもらえた。また、週に2、3日は在宅勤務にしてもらうことで、酸素ボンベを自宅で使いながら作業を行うことができ、不調が減ることで業務効率を上げることができた。

07 知的障害のある人への合理的配慮

知的障害（知的能力障害）の特徴と困りごと、自己対処

知的障害は、知的機能と適応機能両面の障害により、日常生活に支障が生じている状態を指します。知能指数（IQ）の数値と日常生活への適応具合によって最重度、重度、中度、軽度に分類されます。軽度の場合は本人も周囲も気づかず、社会に出て困る場面が増えて受診した結果、障害が発覚することがあります。言葉でのコミュニケーションや経験から学習することが難しく、勉強や仕事、対人関係に苦労することもあります。

職場では作業を覚えるまで時間がかかることや臨機応変な対応が難しい場合があります。また、難しい言い回しや同時に複数の指示があると理解が難しくなる、さらに、自分にとって難しい作業を求められると挫折してやる気を失うことやパニックにつながることもあります。本人の自己対処では、指示された内容のメモをとることや理解したことの復唱、手本を見せてもらいたいことを上司に伝える、などが挙げられます。

配慮のポイント

業務面の配慮としては、業務を覚えることに時間がかかることを見越して、教え方や業務の習得時間について工夫をする必要があります。また、イレギュラーな出来事があった場合の相談相手やタイミング、手段の明確化も安心につながります。また、コミュニケーション面においても配慮が必要です。例えば、本人にとってわかりやすい指示を出したり、業務内容の理解について定期的に確認することなどです。本人が自身の苦手を把握しておらず、うまくいかない場合は、**自信を失ってその業務に取り組めなくなる前に話し合いましょう**。急に仕事を休むことや、ミスが目立つことがあった場合は、本人とコミュニケーションをとり、業務のとらえ方を確認する必要があります。

知的障害のある人への配慮と事例 　図

業務面の配慮例

- 新しい業務を教える際は、繰り返し練習することやお手本を見せる
- 業務マニュアルや図など、視覚イメージで伝える
- 類似した業務に既存の知識を用いることが難しい場合、新しい業務として1から教える
- 業務に対する指示者と本人の認識のずれを防ぐため、業務内容の変更や新しい業務を追加するときは試しに短い時間でやってみてどう感じたか本人に確認する
- イレギュラーな出来事について、どのようなことが想定されるか、それぞれの事態について、相談相手を特定しておくことや、相談相手が見つからない場合はメモを残すなど、具体的に決めておく

本人が使いやすいよう自分で作ってもらってもOK

コミュニケーション面の配慮例

- 指示を出す際、口頭では短く簡潔に、具体的かつ理解しやすい言葉を使う
- 理解を確認するため、復唱してもらう
- うまくいかない業務について、本人の業務への取り組み方を確認し、本人が達成できそうな段階を踏んで徐々にスキルアップする、あるいは得意な業務も併せて実施する

軽度知的障害のEさんの事例

Eさんは、職場の繁忙期で、業務を早くこなそうと焦ってしまい、休憩を取らずに業務に取り組み続けた結果しんどくなり、翌日の仕事を休んでしまった。支援機関との面談で何がしんどかったのか、今度同じ場面があったらどうしたいか、どんな配慮があれば安心かを整理した。整理した内容を本人と支援機関担当者、企業との3者面談で共有し、企業として対応できること、できないことを確認した。その結果、繁忙期にこなしてほしい具体的な個数を目標としつつ、休憩してよい場面を具体的に挙げてもらうことで、不安が減り、次の繁忙期には問題なく業務をこなすことができた。

08 発達障害のある人への合理的配慮

発達障害の特徴と困りごと、自己対処

発達障害は、脳機能の特徴的な発達により、コミュニケーションや行動に偏りがある状態を指します。ここでは代表的な障害である、**自閉スペクトラム症（ASD）**と**注意欠如多動症（ADHD）**を取り上げます。ASD は社会性の欠如、コミュニケーションの障害、想像力およびそれに基づく行動の障害が特徴です。例えば、人の表情を読みとりにくく、空気を読まない発言をすることがあります。ADHD の特徴は不注意の問題と多動性・衝動性の問題です。思いつきで急に人に話しかけてしまうこともあります。

職場での困りごととしては、ASD の場合、複数の業務を同時に行ったり曖昧な指示を理解できないことがあります。一方 ADHD では、集中力がなく、指示を最後まで聞けなかったり、見通しが立てられないなど予定管理が苦手で、書類の提出締め切りを失念したり、ケアレスミスが多い場合もあります。

自己対処としては、持ち物管理用のチェックリストを作成することやタイマーを活用した過度な集中の防止、失念しないようメモをとることなどが挙げられます。

配慮のポイント

指示について具体的かつ簡潔に行うことや、先の見通しについて事前に伝えることが有効です。職場のルールが守れない場合は、具体的な改善行動を伝えましょう。不明点の確認をする時間を事前に決めておくことも有効です。業務については、マニュアルによる手順の明示化やミス・忘れ物を予防するチェックリストをつくったり、スケジュールをアプリやメモ等、一つのツールで管理するのもよいでしょう。そのほか、過度な集中による疲れを防止するために定期的な休憩が必要な場合もあります。

発達障害のある人への配慮と事例　図

業務面の配慮例

- 締切日や会議の日程の失念を予防するため、スケジュール管理はアプリやメモ等、一つのツールでまとめて実行するよう促す
- 定例業務上のミスを予防するチェックリストの活用
- 過度な集中による疲れを防止するために、一定時間ごとの休憩（タイマー使用）
- 周りから見て集中しすぎていると感じられる場合は声をかける
- 可視化したマニュアルによる手順の理解や、業務の効率化の促進

コミュニケーション面の配慮例

- 指示については曖昧な言葉を避け、数字や日時などを具体的に伝える
- 業務について一つひとつの手順に分けて伝える
- 重要な情報は記録に残るメールやメモなどで伝える
- 急な業務の変更については具体的な行動の変更点を事前に伝える
- 不明点を聞くタイミングや質問相手を明確にする
- 職場ルールが守れず、場違いな言動や行動が見られた際は、指摘するだけで終わらず、具体的にどのように改善したらよいか伝える

ADHDのFさんの事例

Fさんは指示を勘違いしたまま業務を進めてしまうことや、ケアレスミスが多く、業務をチェックする指導係に負担がかかる状態があった。Fさんと面談を行い、指示の勘違いやミスの背景を確認したところ、指示を受けたときに、迷うことがあっても自己判断で進めてしまっていること、ダブルチェックを漫然と行っていることが判明した。

そこで、指示を受けた後、理解したことを復唱した上で業務に取り組んでもらい、かつ初期段階で、Fさんから実際の作業内容を提出してもらい、業務の方向性を確認するようにした。ミスについては、チェックリストをもとにダブルチェックしてから提出するようにした。その結果、勘違いで業務を進めることやミスが多い状態で提出することがほとんどなくなった。

09 精神障害のある人への合理的配慮① 気分障害

気分障害の特徴と困りごと、自己対処

気分障害は気分を自分でコントロールできない状態であり、**抑うつ障害**と**双極性障害**が代表的です。抑うつ障害の基本症状は、気分の落ち込みや気力低下などの抑うつ状態が持続することです。落ち込みにより、食欲不振や不眠等の身体症状につながることもあります。抑うつ状態と反対にある状態は躁状態であり、眠るのも忘れて思いつきで行動してしまうなど、異常に気分が高揚し過度な活動につながります。これらの抑うつ状態と躁状態を繰り返すのが双極性障害です。

職場における困りごととしては服薬の影響や障害による慢性的な疲れやすさや集中力の低下が挙げられます。また、手を抜くのが苦手で頑張りすぎてしまう性格の人も多く、症状の悪化によってふだんどおりの業務が難しい場合でも、無理を重ねてしまうこともあります。自己対処としては、症状悪化を予防する生活習慣や服薬管理、不調のサインや不調時に必要な行動を把握し、事前に共有することが考えられます。

配慮のポイント

業務面の配慮としては、症状悪化のサインや予防策、疲れやすさ等を確認し、症状悪化を予防するために一定時間ごとの休憩や、業務量の調整を行うなどの配慮が考えられるでしょう。症状悪化につながるストレスやプレッシャーの要因を把握し、環境調整を行うことも一つの方法です。コミュニケーション上の配慮としては誤解を生まないような言葉選びや、失敗やミスなどネガティブな出来事が起こったときの対処を事前に確認することも重要です。症状が悪化したときは現状の整理を一緒に行うことや、必要に応じて医療機関への受診、頓服薬の服用を促すことも考えましょう。

気分障害のある人への配慮と事例 図

業務面の配慮例

- 体力や集中力の低下に対して、業務時間や業務量を調整する、あるいは休憩を認める
- 症状悪化の予防策として座席位置の配慮や業務の締切日の設定に余裕をもたせる
- 規則正しい生活リズムを送れるような勤務体制をとる
- 業務の締切などのプレッシャーを和らげるため、複数人体制で業務を行う
- 症状悪化のサインがある際の、早期回復のための予防的な業務量や休憩の調整

コミュニケーション面の配慮例

- 他者評価に敏感で指摘への過敏性が見られる際は、どのような言い回しやトーンでの指摘であれば受け止め、改善の行動をとりやすいか事前にすり合わせる
- ネガティブな出来事として失敗やミスに対して拡大解釈をしてしまう場合は、適宜本人の記憶と実際に起こったこととの齟齬がないか確認する
- 頑張りすぎて体調を崩さないように日頃の体調を面談や日誌などで客観的に把握できる機会をつくる
- いつもどおりに業務へ取り組めない場合は焦らず、今優先するべきことを一緒に整理する

業務や生活の変化や体調悪化のサインがないか確認
症状悪化時はふだんと様子が違うことを念頭において対応する

うつ病のGさんの事例

Gさんは新しく任された業務をこなそうと頑張り過ぎてしまっているが自分では気づいていなかった。日誌に毎日書く体調の状態について最近眠りが浅いこと、食欲がない日が多いことに日誌を確認していた上司が気づき、支援機関も交えた面談設定を行った。面談にてGさん自身も症状悪化のサインであることに気づき、上司と相談の上で、業務の優先順位を整理し、体調に無理のないペースでできる業務量に調整してもらった。その結果、Gさんの体調も戻り、ふだんどおりに業務に取り組むことができるようになった。その後はGさん自身で症状悪化のサインに気づけるように、症状悪化のサインリストを支援機関と作成し活用している。

09 精神障害のある人への合理的配慮① 気分障害

10 精神障害のある人への合理的配慮② 統合失調症

▶ 統合失調症の特徴と困りごと、自己対処

統合失調症は思考の混乱や幻覚・妄想が持続し、日常に影響を及ぼす障害です。幻覚や妄想などの目立つ症状からなる**陽性症状**と、意欲の低下や感情の平板化など、目立ちにくい症状からなる**陰性症状**があります。就労の許可が出る人の多くはきちんと服薬を継続して症状が落ち着いてはいますが、調子が悪化するとふだん出ない症状が出ることや、もともとある症状が強まることがあります。

職場における困りごととしては、慢性的な疲れやすさのほか、服薬の影響や障害によって集中力や思考力・理解力が低下し、業務の理解が難しい場合があります。また、長期に渡る入院生活などによって社会生活力が衰えた結果、周囲の考えではなく自分の考えを優先してしまうなど、その場に応じた振る舞いが難しい場合があります。また、症状が悪化すると、声・表情の平板化が進んだり、幻聴や妄想が出現するため、業務上の適切なコミュニケーションが難しくなることや業務をふだんどおりにこなせないことがあります。本人の自己対処としては服薬調整や症状悪化のサインや症状悪化時の状態について把握し、事前に共有することが挙げられます。

▶ 配慮のポイント

まず業務面の配慮としては、症状を悪化させないための体調・服薬管理や疲れやすさに対する業務量や環境の調整をすることが気分障害と同様に有効です。また、症状が日頃どの程度あるか、悪化時のサインについての確認や==症状悪化時には医療機関への受診や頓服薬の服用を促すことも必要な場合があります==。また薬の副作用による身体的動作の制限がある場合は、職場環境の調整が必要でしょう。

統合失調症のある人への配慮と事例　図

業務面の配慮例

- 体力や集中力の低下に対して、業務時間や業務量を調整する、あるいは休憩を認める
- 症状悪化の予防策として座席位置の配慮や業務の締切日の設定に余裕をもたせる
- 幻覚や妄想などの症状が悪化する場合、静かな休憩室への移動や、臨時通院を促す
- 症状の悪化時は対人的な不安を避けるため対面業務を避けることや本人が安心できる業務や職場環境（座席位置や人との距離感など）を調整する
- 服薬の副作用により手の震えや動作のぎこちなさ、表情や声の抑揚の乏しさがある場合、関連業務についてコツ等を丁寧に伝える、不器用さを補う代替手段を用いる

コミュニケーション面の配慮例

- 認知機能低下により思考力や理解力が低下している場合、本人の理解力に応じたわかりやすい言葉を使った指示を行う
- 社会適応力の乏しさや対人交流が難しい場合は、暗黙化されたルールを明示するなど、どのように行動すればよいか具体的に伝える
- 陽性症状のスイッチを入れる言動や行動を事前に確認し、そういった言動や行動を避ける

実年齢にかかわらず、その人の状態に合わせて業務の指示や社会的な行動を伝えることが大事

統合失調症のHさんの事例

Hさんは10代で発症し、症状がなかなか落ち着かず、40代になって初めて働くこととなった。特定の先輩を見ると、自分の財布を盗まれるのではないかという妄想にスイッチが入ってしまうことや、お客さんに対するあいさつがうまくできず、先輩から叱責を受けるが、どのようにあいさつしたらよいかわからずに困っていた。
支援機関とも相談し、妄想症状については主治医に相談し、服薬を調整することで軽減されていった。また、お客さんとすれ違うときは具体的にどのようにあいさつをしたらよいか先輩にお手本を見せてもらい、気をつけなければいけないポイントとして声の大きさやお辞儀の角度など、自分でメモをして練習をした。その結果お客さんにも丁寧にあいさつすることができるようになった。

11 高次脳機能障害のある人への合理的配慮

▶ 高次脳機能障害の特徴と困りごと、自己対処

　事故や病気による脳の損傷により、記憶や注意力など認知機能が低下した状態のことを指します。障害の程度によっては本人に自覚がないこともあり、性格の問題であると誤解されやすい障害です。脳の損傷状態や部位によって症状はさまざまですが、片側の空間を見落としてしまうこと（半側空間無視）や疲れやすさ、記憶・注意力の低下、言語障害、遂行機能の障害、感情や行動の制御に関する障害などが現れます。

　職場における困りごととしては、左側または右側で起こっていることに気づかず人や物とぶつかる危険性や、身体や脳の疲れやすさや注意力の低下による業務上のミスや失念があります。また、業務のスケジュール管理の難しさや優先順位のつけられなさ、何度も同じことを質問してしまうことや、不調時に感情的、あるいは衝動的な行動や言動をとることがあります。自己対処としては不調のサインを把握する、自分でメモを活用して失念することの予防や報告・連絡・相談の内容整理をすることが挙げられます。

▶ 配慮のポイント

　環境面の配慮としては安全を考慮した座席配置や職場のレイアウトをつくりましょう。業務上の配慮としては疲れやすさや注意力の低下など、症状に合わせた業務量や内容の調整が必要です。また、人によって出ている症状が異なるため、一律に対応を決めず、どのようにすれば仕事をしやすくなるか一緒に検討することが大切です。コミュニケーション上の配慮としては本人に伝わりやすい指示の出し方や業務手順の伝え方などを検討することが必要です。感情的になることや衝動性が見られた場合は、一度落ち着いてから業務に取り組むための調整についてできることを検討しましょう。

高次脳機能障害のある人への配慮と事例　図

職場環境面の配慮例

- 半側空間無視がある場合、どこまで見えているか指差しなどで確認する、安全を考慮した座席配置や職場のレイアウトをつくる、意識しやすい場所への業務関連資料の配置
- 指示をするときにどちら側から声をかけるとよいか確認する

業務面の配慮例

- 大きなミスや体調不良を防ぐ、疲れる前の休憩や脳疲労のサインによる業務量の調整
- 記憶を補完するためのマニュアルやメモとりの促し
- スケジュール管理が苦手な場合、業務の見通しや優先順位のつけ方を具体的に伝える

脳疲労のサイン
・ぼーっとする
・動きがゆっくりになる
・あくびが増える　など

コミュニケーション面の配慮例

- 本人が理解できるまで指示や業務手順を伝える
- 報告・連絡・相談を行う際は、事前に具体的なフローやタイミング、報告相手を決めておく
- 感情的になることや衝動性が見られた場合は違う場所に移動することやメモを読み返すなど落ち着くための方法を一緒に確認する

〇曜日は×時になったらAさんに内線をかけ、業務指示をもらう
現場ではBさんかCさんに業務の報告や相談をする　など

高次脳機能障害のIさんの事例

Iさんは注意力と記憶力の低下があり、左側の空間無視がある。
Iさんはいつも業務開始後2、3時間は問題なく作業に取り組めるが、昼休憩後はぼーっとしてしまい、作業スピードも効率も落ち、左側においてある仕事道具を落としてしまうことや業務の報告を失念して帰宅してしまうことが多くあった。面談の結果、仕事から帰宅後は玄関で眠ってしまうことが多いことも判明し、現在の業務時間や休憩時間がIさんの現状の体力と合っていないようであることを確認した。業務時間を1時間短縮し、5分程度の休憩を午前、午後に2回ずつ入れ、また午後に関してやることリストを毎日チェックするようにしてから帰宅することを取り決め実施した。その結果、午後の業務においてもそれほど効率は下がらなくなった。

第 3 章

障害者の就労を支援する機関

01 就労移行支援

▶ 就職に向けた一つのステップとして

　障害者総合支援法では、障害者および障害児が基本的人権を享有する個人としての尊厳にふさわしい日常生活または社会生活を営むことができるように、さまざまなサービスを展開していきます。この日常生活や社会生活において、税金で養われるのではなく、税金を払う立場になりたい、社会の一員として働きたい、と考える人も少なくありませんが、その思いだけですぐに働けるか、といわれると難しいのも確かです。

　そのため、一般企業で働くことを希望している人に対して、就労に必要な知識、技術等を提供し、就職へ結びつけていく事業として**就労移行支援**があります。これは基本的に2年以内に就職することを前提とした事業であり、あくまでも就職に向けた一つのステップとしての役割を果たしています。

▶ 仕事をするための「準備」をする場所

　具体的な取り組みとしては、**職業準備性の獲得**を進めていきます。定時に出勤するために日常生活リズムの獲得を行ったり、社会人として最低限の身だしなみやあいさつなどの礼儀作法などのほか、PC操作技術や作業をミスなく行うといった集中力の獲得、電話の応対等が挙げられます。自分の障害を見つめ、どのような課題があるのか、どのような仕事をしたいのかを就労移行支援のスタッフと一緒に考え、**企業から一緒に働きたい、と思われるような状態を維持できるようにしていくこと**が大切です。

　近年、多くの就労移行支援事業所ができており、それぞれの事業所で特徴がありますので、自分に向いている事業所がどこか、見学などをした上で通所するところを決めていくとよいでしょう。

就労移行支援の内容 図

就労移行支援事業所って？

学校のように通いながら就職に向けたサポートを受けることができる場所
個別の支援計画に沿って、他の利用者と一緒に就職に役立つ知識や必要なスキルを学ぶこと、就職の準備をすること、就労支援員に就職や体調に関する相談をすることなど、必要なサポートを受けることができる

就労移行支援の内容

職員配置	サービス内容
管理者	通所前期 ➡ 通所中期 ➡ 通所後期 ➡ 訪問期 ※段階的なプログラムを組んで実施
サービス管理責任者	・個別支援計画の作成　・サービス内容の評価 ・生産活動等の指導　等
職業指導員	・生産活動の実施　・事業所内授産の指導　等
生活支援員	・健康管理の指導　・相談支援　等
就労支援員	・適性にあった職場探し　・企業内授産、職場実習の指導 ・就職後の職場定着支援　等

➡ 一般就労へ

職業準備性ピラミッド

- 職業適性 ─ 仕事をしながら支援を受けて身につけていく
- 基本的労働習慣 ┐
- 対人技能　　　├ 就労移行支援事業所で身につけていく
- 生活のリズム・日常生活 ┐
- 健康管理・疾病管理・体調管理 ├ 医療機関での治療やリハビリ

01 就労移行支援

02 就労定着支援

▶ 仕事をし続けるために

　就職は大きな環境の変化を伴うため、その環境に順応できなければ体調を崩して入院したり、退職を余儀なくされてしまうことも十分に考えられます。また、生活面だけでなく、収入面でも大きな変化を伴います。まとまった額の収入が得られるようになれば、今までと異なるおかしな使い方をしてしまいかねません。そこで正しい金銭感覚を得ることができなければ、生活苦になってしまうこともあり得るでしょう。

　就労移行支援を活用して就職をした場合は、その後半年間フォローアップとして支援を継続することができますが、逆にいえばそこまでしか対応することができません。そこで、その後のフォローを続ける新たなサービスとして2018（平成30）年に**就労定着支援**が創設され、さらに1年間（最長3年間）継続できるようになっています。

▶ 就労定着支援事業所によるフォロー

　就労定着支援は比較的新しい制度であり、まだまだ発展途上の制度といえますが、年々利用者が増加しています。2023（令和5）年に公表された資料によれば、特に精神障害のある利用者が全体の6割以上を占めており、環境の変化によって生活リズムを崩しやすい精神障害者にとって頼もしい制度だといえるでしょう。

　具体的には、障害者の就職後に労働環境や業務内容に順応し、長く働き続けられるように支援することを目的に、就職後に生じた課題（悩みやトラブル）に対して、就労定着支援員が障害者本人と会社の間に立って、相談や助言など必要な支援を行います。

　利用者は職場での不安や、心身の状態による就労継続の不安、家族との関係性といった個別的で複雑な課題を抱えていますので、**きめ細かなフォロー**が求められます。

就労定着支援の内容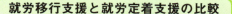

就労移行支援と就労定着支援の比較

	就労移行支援	就労定着支援
サービス内容	就労に必要な訓練の実施や、職場体験などの提供	生活と就労に関する相談・支援
雇用契約	なし	なし
報酬	なし	なし
対象者	一般企業等に就労見込みがある18歳～64歳まで（※）	就労系障害福祉サービスを利用して一般就労し、6か月が経過している人
利用期間	2年	3年
事業所数	2934か所（国保連データ2023（令和5）年4月）	1538か所（国保連データ2023（令和5）年4月）
利用者数	3万5315人（国保連データ2023（令和5）年4月）	1万5332人（国保連データ2023（令和5）年4月）

※：ただし、65歳以上の人も要件を満たせば利用可能

就労定着支援の内容

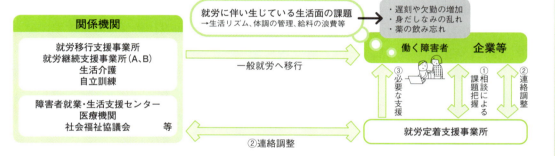

就労定着支援を実施していない理由

- 就労定着支援を実施すると、事業所の収支がより厳しくなると見込まれるため：12.9
- 就労定着支援の実施のための職員確保が難しいと見込まれるため：40.4
- 一般就労への移行者が少なく、就労定着支援の利用も少ないと見込まれるため：21.0
- 一般就労への移行者に、就労定着支援の必要な者が少ないため：7.5
- 当該事業所の利用者以外を含めても、地域で就労定着支援のニーズが少ないため：3.9

就労移行支援と就労定着支援は、事業としては別物ではありますが、地続きの事業であることから一体的に運用されることが望まれます。
就労定着支援事業所は増えているとはいえ、就労移行支援事業所の5割程度にとどまっています。安心して就労活動を続けられる体制の整備が望まれます。

03 就労継続支援A型・B型

▶ 安心して働くことができる場所

就労とは必ずしも一般企業で働くことだけをさすわけではありません。安心して働くことができる、という場所を確保していくことも大切です。そのような場所として、**就労継続支援**があります。これには **A型** と **B型** の2種類があります。

B型事業所の仕事内容は、内職作業や自主製品の作成、喫茶店の経営などさまざまです。また、利用者の状況によって、作業内容をサービス管理責任者が考えます。居場所としての役割も果たすため、ゆっくり自分のペースで働きたい、という人に向いている事業所です。最低賃金が保障されていないため、事業所が業務内容によって工賃を設定しており、働く内容や時間によって得られる収入には大きな差がありますが、近年ではA型と一緒に運営し、B型で働くことに慣れたらA型に移るなど、その人の状況に合わせて仕事ができるような所も増えています。

▶ 増え続けるA型とその課題

A型の大きな特徴として雇用契約と最低賃金保障が挙げられます。また、一般企業との大きな違いは、手厚いサポートを受けて就労をする、という点であり、一般就労は難しいけれど、B型で働くのもちょっと、という人に向いている事業所といえます。

一方でA型事業所には、職員の給与等については事業所を運営するための報酬で支払いつつ、利用者の給与を払うだけの収益を上げることが求められています。そのため、参入はしたものの、十分な収益を上げることができず、閉鎖する事業所も少なくありません。その結果、被害を被るのは利用者です。**A型事業所には、運営を安定的に続けていくための経営努力も求められています。**

就労継続支援と工賃　図

就労継続支援の内容

	就労継続支援B型	就労継続支援A型
利用者	○就労移行支援事業等を利用したが一般企業等の雇用に結びつかない者や、一定年齢に達している者などであって、就労の機会等を通じ、生産活動にかかる知識および能力の向上や維持が期待される障害者	○通常の事業所に雇用されることが困難であって、適切な支援により雇用契約に基づく就労が可能な障害者
	○通常の事業所に新たに雇用された後に労働時間を延長しようとする障害者 ○休職から復職する障害者	
サービス内容	○通所により、就労や生産活動の機会を提供（雇用契約は結ばない）するとともに、一般就労に必要な知識、能力が高まった者は、一般就労等への移行に向けて支援 ○平均工賃が工賃控除程度の水準（月額3000円程度）を上回ることを事業者指定の要件とする ○事業者は、平均工賃の目標水準を設定し、実績と併せて都道府県知事へ報告、公表	○通所により、雇用契約に基づく就労の機会を提供するとともに、一般就労に必要な知識、能力が高まった者について、一般就労への移行に向けて支援 ○生産活動に係る事業の収入から生産活動に係る事業に必要な経費を控除した額に相当する金額が、利用者に支払う賃金の総額以上となるようにしなければならない ○最低賃金含め、労働関係法令の適用あり

平均工賃（賃金）の実績（2022（令和4）年度）

施設種別	平均工賃（賃金）		施設数（箇所）	令和3年度（参考）	
	月額	時間額		月額	時間額
就労継続支援B型事業所（対前年比）	1万7031円（103.2%）	243円（104.3%）	1万5354	1万6507円	233円
就労継続支援A型事業所（対前年比）	8万3551円（102.3%）	947円（102.3%）	4196	8万1645円	926円

03　就労継続支援A型・B型

04 就労選択支援

▶ 就労に関する新たな制度

　就職希望を聞くと、「給料がよい所」「やりたい仕事ができる所」など、さまざまな意見が出されます。しかし、給料がよい所や自分がやりたいと思う仕事が、本当に自分に向いているかはわかりません。就職はマッチングであり、自分に向いていない所に就職しても、長期間働くことは難しいでしょう。障害者の就労支援においても、このマッチングは重要で、本人の特性を十分に把握しないまま、障害者雇用に熱心だからと就職を進めてみたがうまくいかないなんてことはよくあります。そのようなことがないように、**事前にその人の特性を検討した上で、どのような就労支援が必要なのかを考える事業として、就労選択支援**が新たに2025（令和7）年10月に始まる予定です。

▶ 安心して働く場所を得られるように

　就労選択支援では、就労支援サービスを受ける際に、事前に本人の就労能力等に関するアセスメントを行い、その結果に基づいて多機関によるケース会議を行った上で、どのサービスを進めていくのかを決めることになっています。多機関が協働することで、本人の希望を大事にしながら、よりよい選択ができるようにしていきます。
　2024（令和6）年12月現在、誰を対象とするのか、事業所要件はどうなるのかなど、この制度をどのように運用していくのか細かな運用方法については国の審議会で検討がされている最中です。特に就労マッチングは、さまざまな側面から評価をすることが必要になるため、支援者の質を高めていくための方策も進めていくことが必要でしょう。
　今回の新たな制度により、それぞれの特性に合った支援体制が提供され、多くの人が安心して働く場所を得ることができるようになることが期待されます。

就労選択支援の内容と利用のイメージ 図

就労選択支援の内容

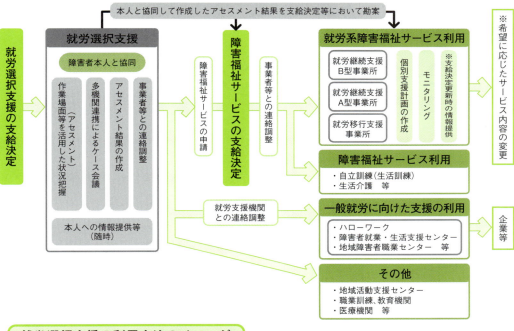

就労選択支援の利用方法のイメージ

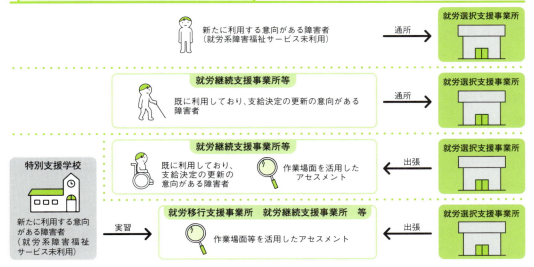

04 就労選択支援

05 産業保健総合支援センター

▶ 職場に対する健康問題対策への支援

　企業の運営を行っていく中で、従業員の体調管理や健康問題について考えていくことは重要な課題です。大企業であれば、産業医を配置したり、産業看護職などの専門スタッフを配置することもありますが、全体の大多数を占める中小企業で専任の産業医を置いているところは多くはありません。そのため、企業等に対し職場の健康管理への啓発を行うことを目的として、全国47の都道府県に**産業保健総合支援センター**（さんぽセンター）が設置されています。さんぽセンターでは、産業保健に関するさまざまな問題に対して専門スタッフが助言を行ったり、情報提供、事業主や労務管理担当者等を対象とした職場の健康問題に関するセミナーなどを実施しています。

▶ より身近な相談場所

　さんぽセンターは各都道府県に配置されていますが、中小企業にとっては、もっと身近に相談ができる場も必要です。そのため、**さんぽセンターは地域窓口である地域産業保健センター（地さんぽ）を各地域に設置しています**。地域産業保健センターは労働者数50人未満の小規模の企業や労働者に対して、長時間労働者への医師による面接指導の相談や、健康診断結果に基づいた健康管理、作業関連疾患の予防方法等に対する健康相談窓口を開設しています。日中の相談が難しい人のために、一部のセンターでは休日・夜間も対応しているため、相談を考えている人は確認してみるとよいでしょう。

　仕事をする中で体調を崩し、フォローがないまま、深刻なダメージを負ってしまうことは避けなければなりません。体調を崩す前に相談するということを企業に在籍する人全員の共通認識としてもつことが、何よりも重要でしょう。

産業保健総合支援センターの活動と利用イメージ 図

産業保健総合支援センターの活動

労災病院／治療就労両立支援センター
労災医療に関する臨床面での専門知見および事例、予防法・指導法の開発

⇅ 連携

産業保健総合支援センター　　地域窓口

① 産業保健に関する実践的・専門的な研修
② 事業場における労働者の健康管理等に関して、事業主、労務担当者および労働者の理解と協力を促すためのセミナー
③ 産業保健に関する相談対応、小規模事業場の事業主等への特定健康相談や面接指導等への対応
④ 小規模事業場等への指導・支援
⑤ ホームページ、メールマガジン、情報誌等による産業保健に関する情報の提供

→ 各種支援・サービスの提供

労働者数50人以上の事業場
- 事業主
- 産業保健関係者（産業医・衛生管理者等）
- 健康の確保
- 労働者

小規模事業場（労働者数50人未満の事業場）等

協力：都道府県医師会 郡市区医師会
連携：都道府県労働局
連携：労使団体 労働基準協会等

地域産業保健センターの利用イメージ

労働者50人未満の事業場

申し込み →

・労働者の健康管理にかかわる相談
・健康診断の結果についての医師からの意見聴取
・長時間労働者および高ストレス者に対する面談指導
・個別訪問による産業保健指導の実施　　　等

地域産業保健センター

← 相談や面接指導等の実施

05　産業保健総合支援センター

06 治療就労両立支援事業

▶ 治療と仕事の両立を支援する

　就労している人のなかには、高血圧や糖尿病などの生活習慣病のほか、心疾患などの内部障害、精神疾患などを抱えて仕事をしている人もいます。特に内部障害や精神疾患など治療が長期化する疾患や、がんのように予後について考えなければならない疾患などは、金銭的な問題や家庭の問題、仕事のことなど、多くの悩みが生じます。その結果、疾患があっても仕事ができる状態にある人が、仕事を辞めざるを得ないのは、大きな損失です。現実問題、相談先もわからず、会社に自分の状況を説明しようにもうまくできない場合もあるでしょう。そのような状況に対応するため、一部の労災病院には**治療就労両立支援センター**が設置され、**治療就労両立支援事業**を実施しています。

▶ 両立支援コーディネーターの養成

　治療就労両立支援事業は、両立支援のための相談窓口でもあり、**両立支援コーディネーター**の養成も大きな役割として担っています。疾患を抱えながら働くためには企業側の理解が必要であり、そのためにも医療と職場との連携が必須です。しかし、医療現場からすると、かかわっている医師などが各企業との連携をするために必要な時間をとることは難しく、またかかわる人が多くなることから、結果として十分な支援をすることができません。そのため、患者や家族などの当事者側、医師や医療ソーシャルワーカーなどの医療側、そして産業医や人事担当などの企業側の3者間の情報共有を進めていくための専門職として、両立支援コーディネーターを養成しています。

　両立支援コーディネーターは関係各所との仲介・調整だけでなく、患者の治療方針、職場環境、社会資源等の情報収集・整理等の中心的存在となることが期待されています。

治療就労両立支援事業とコーディネーター　図

治療就労両立支援事業

両立支援コーディネーターの役割

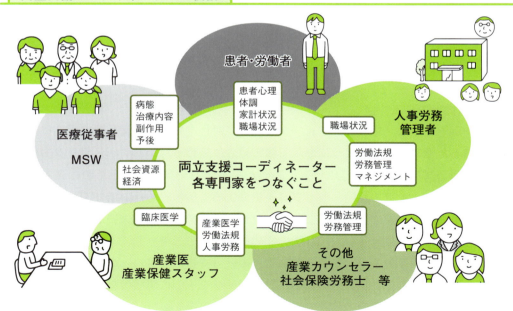

06 治療就労両立支援事業

07 ハローワーク

▶ ハローワークでも障害者雇用を支援している

　職場を探す際などに、民間の職業紹介企業のほか、公共職業安定所（以下、ハローワーク）を活用したことがある人もいるでしょう。ハローワークの役割は単純に仕事を紹介する、ということだけではなく、就職後の援助や就業訓練についての案内、失業者に対する雇用保険の対応や人材を求める企業に対する雇用支援を国が無償で行う、国民の勤労権を保障するための中心的な役割を果たす機関です。また、近年は新卒者や障害者、若者、子育て中の人などを対象にした専門的な支援も行っています。

　障害者総合支援法においても障害者の自立と社会参加を目指して取り組みを行っていますが、そのための大きな柱として就労があり、障害者が自分の特性を活かして就労ができるように支援を行っていくこともハローワークの大きな役割となっています。

▶ 障害者向けチーム支援

　ハローワークでは、求職登録を行った障害者に対して専門の職員や職業相談員が、**その人にあった職業に就けるように単なる職業紹介に終わらない、ケースワーク方式による支援を行っています**。実際に仕事に必要となる能力を身につけるための職業訓練のあっせんや、トライアル雇用、ジョブコーチによる支援なども行います。企業に対しても、障害者雇用率の達成指導をハローワークが行うため、雇用率未達成の企業に対する指導や必要に応じて障害者雇入れ計画の作成命令や、その実施勧告を行っています。

　特に福祉施設等多機関がかかわっている人の就労支援は、それらの機関が一緒になって取り組むことが必要です。そのためハローワークを中心に**障害者就労支援チーム**を編成し、事前支援から就職後の継続支援まで一貫した支援を実施しています。

ハローワークによる障害者就職支援 図

ハローワークの業務内容

主な業務

職業紹介
- 職業紹介・職業相談
- 求人開拓
- 職業訓練の受講あっせん

失業認定にあたっては、保険者たる国が直接職業紹介を実施し、再就職の意思を厳格に認定することが必要

就職(人材確保)のためには、企業指導・雇用管理改善支援と一体となった職業紹介や、関係機関と連携したチーム支援が効果的

雇用保険・求職者支援
- 失業認定、失業給付の支給
- 職業訓練受講給付金の支給 等

雇用対策（企業指導・支援）
- 障害者雇用率達成指導
- 高年齢者雇用確保措置導入指導
- 雇用管理改善支援 等

障害者就労支援チーム

就職を希望している福祉施設利用者等 → 就職に向けた取り組み → 企業 就職 → 就職後の職場定着 職業生活の安定

障害者就労支援チーム

主査：ハローワーク職員
- 専門援助部門が担当
- 就職支援コーディネーターを配置し、関係機関と調整

副主査：福祉施設等職員
- ○地域障害者職業センター
- ○障害者就業・生活支援センター（※1）
- ○就労移行支援事業所
- ○職業能力開発校
- ○特別支援学校 等

その他の就労支援者
- ○ジョブコーチ
- ○相談支援事業所
- ○福祉事務所
- ○発達障害者支援センター
- ○難病相談・支援センター
- ○医療機関（※2） 等

就職準備段階
- 就労支援計画の作成
- 地域障害者職業センターによる職業評価の実施
- 職場実習、職業訓練の実施等

職業紹介 ／ 就労支援・生活支援
- 個々の障害特性に応じた職業紹介
- 個別求人開拓の実施

就職後 ／ 職場定着支援・就業生活支援
- 職場訪問による職場定着支援
- ジョブコーチ支援の実施等
- 障害者就業・生活支援センターと連携した就業生活支援

※1：可能な限り、障害者就業・生活支援センターがチームに参加し、生活面の支援を継続的に実施
※2：支援対象者が医療機関を利用している場合は、医療機関に対してチームへの参加を積極的に依頼

08 障害者職業能力開発校

▶ 職業能力を学べる学校

　近年はPCを使う作業も増え、文章入力や表計算ソフトが使えるだけではなく、グラフィックソフトなど専門的なソフトが使えることで仕事を探す幅が広がります。そのような能力を身につけるためには、それぞれ相応の訓練が必要です。ハローワークが行う職業訓練の斡旋先機関として**職業能力開発校**と、職業能力開発校では訓練を受けることが困難な重度障害者を主な対象としている**障害者職業能力開発校**があります。

　障害者職業能力開発校では一定の期間通学し、スキル習得のための訓練を受けることができます。この期間は内容によって異なり、3か月のものもあれば、1年と長期に渡るものまであります。それぞれのコースで開講時期や、人数制限があるため、選考を受け、合格した場合にのみ訓練を受けることができます。

▶ それぞれの状態に応じた訓練を実施

　例えば、東京都障害者職業能力開発校では、身体、精神、発達障害者を対象としているものとして、一般的なPCソフトのスキルを獲得するオフィスワーク科、そこからレベルを上げてプログラミングスキルまで習得するビジネスアプリ開発科などがあります。また、知的障害者を対象としているものとして、ビジネスマナーや基本的な作業スキルを身につける実務作業科があります（2024（令和6）年現在）。

　指導者はスキルを教えるほか、精神障害や発達障害の特性に合わせた合理的配慮をふまえた職業訓練を行う必要があります。そのため、職業訓練を行う上で必要となるスキルのほか、障害者がもつ特性に合わせた対応について学ぶための指導員研修を、**職業能力開発総合大学校**が実施しています。

障害者職業能力開発校の訓練　図

障害者職業能力開発校の事業概要

障害者 → ①求職申込み → ②職業相談　ハローワーク　⑥職業紹介 → ⑦就職 → 企業
③受講あっせん ↓　　　↑ ⑤訓練修了
④訓練受講

障害者職業能力開発校（機構営校・都道府県営校）

対象者	障害者雇用促進法第2条第1号に規定する障害者 ・障害者手帳を有する者 ・医師の診断書や意見書等により障害を有することが確認できる者
訓練内容	○訓練期間：6月、1年　等 ○主な訓練内容　（例） **身体障害者等対象**：プログラム設計科、建築設計科、OA事務科、Webデザイン科、アパレル科、流通ビジネス科、ITビジネス科　等 **精神・発達障害者等対象**：職域開発科、就業支援科　等 **知的障害者等対象**：総合実務科、ワークサービス科　等

障害者職業能力開発校を活用した職業訓練例

障害者職業能力開発校

- 短期の専門スキルプログラム → 就職へ
- 長期の専門スキルプログラム → 就職へ
- 短期の就業支援プログラム → 短期の専門スキルプログラム → 就職へ

08　障害者職業能力開発校　　87

09 障害者職業センター

障害者の就業に関する総合的支援機関

障害者が仕事を探そうとする際に、自分の得意なことや苦手なこと、困ったことを相談できる場所も必要となります。そのようなときのために**障害者職業センター**があります。障害者職業センターは障害者雇用促進法に定められた機関で、専門的な職業リハビリテーションを実施しています。

中核機関として先駆的な職業リハビリテーションの研究・開発や、研修などを担当する**障害者職業総合センター**、障害者職業能力開発校に併設されて就労訓練も含めた一貫的な支援を行う**広域障害者職業センター**と、希望する障害者に対して職業評価や職業指導、職業準備訓練等の実施および事業主に対して雇用管理に関する助言その他の支援を行う**地域障害者職業センター**の3種類に分けることができます。ここでは、特に地域障害者職業センターの役割について確認をしていきます。

精神障害者の就労支援にも注力

地域障害者職業センターは各都道府県に設置されており、就労を希望する障害者がもっている能力を把握し、その上でどのような訓練が必要となるかを判断して職業リハビリテーション計画を策定する職業評価、実際に仕事に就いた際に、障害者本人や事業主に対して助言指導を行っていくジョブコーチの派遣などを行います。

特に近年では、これまで以上に精神障害者の就労支援が求められています。また、うつ病などによる休職者も年々増加している中、復職支援の促進が望まれます。その際、精神障害の特性理解の難しさや、医療機関との連携が必要になることから、地域障害者職業センターが中心となり**精神障害者総合雇用支援**（→ P.106）を実施しています。

地域障害者職業センターの取り組み　図

地域障害者職業センターの業務内容

地域障害者職業センターの設置主体は、独立行政法人高齢・障害・求職者雇用支援機構

	主な内容
職業評価	・就職の希望などを把握した上で、職業能力等を評価 ・就職して職場に適応するために必要な支援内容・方法等を含む、個人の状況に応じた職業リハビリテーション計画を策定
職業準備支援	センター内での作業体験、職業準備講習、社会生活技能訓練を通じた労働習慣の体得、作業遂行力の向上、コミュニケーション能力・対人対応力の向上
職場適応援助者（ジョブコーチ）支援事業	事業所にジョブコーチを派遣し、障害者および事業主に対して、雇用の前後を通じて障害特性をふまえた直接的、専門的な援助を実施
精神障害者総合雇用支援	精神障害者および事業主に対して、主治医等の医療関係者との連携の下、精神障害者の新規雇入れ、職場復帰、雇用継続のためのさまざまな支援ニーズに対して、専門的・総合的な支援を実施
事業主に対する相談・援助	事業主のニーズや職場における課題分析を行い、事業主支援計画を作成、雇用管理に関する専門的な助言、援助を実施
地域における職業リハビリテーションのネットワークの醸成	・障害者就業・生活支援センター等からの依頼に応じ、技術的、専門的事項についての援助を実施 ・医療、保健、福祉、教育分野の関係機関に対し、職業リハビリテーションに関する共通認識を醸成し、地域における就労支援のネットワークを形成

職業準備支援における取り組み

作業支援
個別作業や集団作業等の
プログラム実施

個別相談
取り組み状況に応じた
振り返りや対応策の検討

講座の実施
コミュニケーションや
ストレス対応などに対する
プログラムの開講

09　障害者職業センター

10 障害者就業・生活支援センター

▶ 身近な職業生活について相談できる場所

地域障害者職業センターは障害者雇用における中核的な役割を果たす機関ではありますが、一方で設置は各都道府県の中核都市に置かれているため、遠方に住む人にとってはそこまで行くのにも時間がかかるなど、利用しづらい部分もあります。また施設で暮らしていたり、自宅で静養していた状態から就労を始めるということは生活の大きな変化となり、仕事のことだけでなく、生活についても困ったことが出てきます。そのようなときに、もっと身近に職業生活について相談できる場所として設置されているのが障害者就業・生活支援センターです。障害者雇用促進法に基づいて設置される施設で、社会福祉法人や医療法人などが運営しています。

▶ あくまで仕事は生活の一部

身近な相談場所として機能するよう、2024（令和6）年4月時点で337センターと、各都道府県が設定している圏域に1か所の設置割合で整備が進んでいます。主な業務内容としては、就業面では就業に関する相談支援や雇用主に対する助言や関係機関との連携調整を行います。生活面では、就業生活によって生じた生活習慣の変化に対応できるような助言指導や、その他生活設計に関する助言を行います。

どうしても就労支援というと、仕事ができるようになることに目が向きがちになりますが、あくまでも就労は生活の一部です。仕事に集中するあまり生活や体調管理が疎かになり、結果として仕事をやめざるを得ないようなことは、本末転倒といえるでしょう。そのようなことがないよう、さまざまな関係機関と連携をとり、自立・安定した職業生活の実現に向けた取り組みを行っています。

障害者就業・生活支援センターの業務 図

障害者就業・生活支援センターの概要

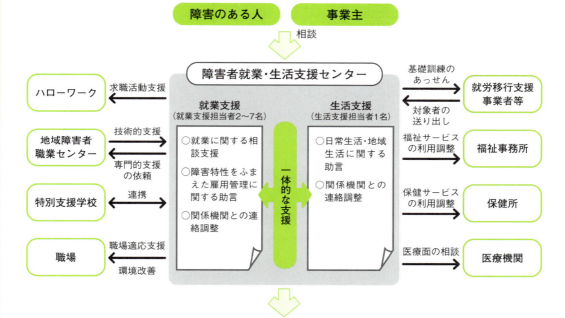

障害者就業・生活支援センターの業務内容

就業面での支援

就業に関する相談支援
・就職に向けた準備支援（職業準備訓練、職場実習のあっせん）
・障害者の特性、能力に合った職務の選定・就職活動の支援
・職場定着に向けた支援

障害のある人それぞれの障害特性をふまえた雇用管理についての事業所に対する助言

関係機関との連絡調整

生活面での支援

日常生活・地域生活に関する助言
・生活習慣の形成、健康管理、金銭管理等の日常生活の自己管理に関する助言
・住居、年金、余暇活動など地域生活、生活設計に関する助言

関係機関との連絡調整

センター窓口による直接相談のほか、必要に応じて職場や家庭訪問も実施

10 障害者就業・生活支援センター　91

11 発達障害者支援センター、難病相談支援センター

▶ 発達障害者支援センター

発達障害者支援センターは、発達障害者支援法に基づく事業として、各都道府県に設置されています。業務内容としては、本人・家族等や関係機関からの相談対応や関係機関の紹介、発達支援、普及啓発活動のほか、就労支援を行っています。

発達障害のある人はどのようなことが苦手なのか、どのような支援があればよいのか等、なかなか企業側に理解を得られないことがあります。そのため就労を希望する発達障害者に対して、就労に関する相談に応じるとともに、ハローワークや地域障害者職業センター、障害者就業・生活支援センターなどの関係機関と連携して情報提供を行います。また必要に応じて、発達障害者支援センターの職員が就労先等に訪問し、就業適性に関する助言や、仕事をしやすくするための環境調整なども行います。

▶ 難病相談支援センター

難病相談支援センターは、難病の患者や家族、関係者からの療養生活に関する相談に応じ、必要な情報の提供、助言等の実施、療養生活の質の維持向上を支援することを目的とする施設です。難病に関する相談全般を受け付けており、生活上の相談支援やピア活動等の支援、講演会・研修会の実施のほか、就労支援も行います。

発達障害者と同じく、難病患者についても、自身の症状について企業に理解されにくいことが少なくありません。そのため、ハローワークの難病患者就職サポーターと連携をして、症状の特性をふまえた就労支援を行います。また、突然、難病を発症した場合、仕事を続けたいのに、そのまま続けることが難しくなることもあるでしょう。そのような際に、雇用継続も含めて支援を行います。

発達障害者、難病患者に対する支援センター　図

発達障害者支援センターの役割

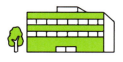

発達障害者支援センター

（体制）
・管理責任者
・相談支援担当職員
・発達支援担当職員
・就労支援担当職員

都道府県が別途配置する「発達障害者地域支援マネジャー」と緊密に連携する

→ ・相談支援（来所、訪問、電話等による相談）
・発達支援（個別支援計画の作成・実施等）
・就労支援（就労に向けての相談等）
※対象：発達障害児（者）のみ
→ **発達障害児（者）・家族**

連携
・調整会議や機関コンサルテーション
・発達障害者支援センター連絡協議会の開催
・障害者総合支援法第89条の3協議会への参加
→ **関係機関**
児童相談所、知的障害者更生相談所、福祉事務所、保健所、精神保健福祉センター、医療機関、障害児（者）地域療育等支援事業実施施設、児童発達支援センター、障害児入所施設、教育委員会、学校、幼稚園、保育所、公共職業安定所、地域障害者職業センター、障害者就業・生活支援センター　等

↑ 支援（関係機関→発達障害児（者）・家族）

研修（関係機関、民間団体等への研修）→

普及啓発（関係機関、民間団体等への研修）→ **地域住民**

難病相談支援センターとハローワークが連携した就労支援の実施

難病相談支援センター

難病相談・支援員等による支援
・治療・生活等に係る相談、助言・指導

難病相談支援センターにおける出張相談等
・難病患者に対する出張相談
・対象者のハローワークへの誘導
・難病相談・支援員等への情報提供

ハローワーク　専門援助部門

難病患者に対する支援
・相談（適性、職域の分析等）
・専門支援機関への誘導
・面接・同行
・就職後のフォロー

事業主等に対する理解促進
・事業主に対する啓発
・求人開拓
・支援制度に関する情報提供

地域の関係機関の連絡調整
・難病相談支援センター等との連絡調整
・連絡協議会の開催

出張 ← **難病患者就職サポーター**

 難病患者
●就労を希望する者
●在職中に難病を発症した者

連携 ↕

各専門支援機関
地域障害者職業センター
障害者就業・生活支援センター
医療機関
保健所　等

連携 →

ハローワーク各部門
職業紹介担当
求人担当
職業訓練相当　等

11　発達障害者支援センター、難病相談支援センター

12 高次脳機能障害支援拠点機関

▶ 専門的な相談援助事業の一つ

高次脳機能障害は事故や病気などによって脳に損傷を受けた場合、記憶障害や注意障害、遂行機能障害、社会的行動障害など、さまざまな症状が現れる障害です。**外見上ではわからず、周囲から理解されない等、生活上の問題が生じます。**

高次脳機能障害は人によって現れる症状も異なり、困っている問題も多岐に渡ります。そのため、障害者総合支援法の地域生活支援事業における都道府県の必須事業である「専門性の高い相談支援事業」の一つに、「高次脳機能障害及びその関連障害に対する支援普及事業」が置かれており、**高次脳機能障害支援拠点機関**が位置づけられています。

▶ 生活面の評価や就労準備プログラムを行っているところも

高次脳機能障害支援拠点機関には、大学病院や都道府県立病院、リハビリテーションセンターが指定され、相談支援や地域の関係機関との連携等に従事する支援コーディネーターが配置されます。支援コーディネーターは社会福祉士、精神保健福祉士や保健師、作業療法士、心理技術者等、高次脳機能障害について専門的知識を有して相談支援を行える者が担当します。そのほか、高次脳機能障害についての正しい理解を促進させていく普及・啓発事業、自治体職員や専門職等に対する研修事業なども行っています。

就労支援に取り組んでいるセンターもあります。例えば、東京都の場合、社会生活を目指すために作業能力、生活管理、対人技能、障害理解の各面を評価する社会生活評価プログラムや、職業評価、高次脳機能障害評価、作業課題による評価、就労準備講習、グループワークなどを組み合わせて行う**就労準備支援プログラム**を行っています。

高次脳機能障害支援拠点機関　図

高次脳機能障害及びその関連障害に対する支援普及事業

```
                        国立障害者リハビリテーションセンター
                          高次脳機能障害情報・支援センター
                                                              情報提供
         指導助言・情報還元        ↓  ↑  相談・事例収集       →
                              支援拠点機関                     都道府県
                      高次脳機能障害情報・支援センターからの
                      情報や相談に対する助言をもとに                委託
  専門的相談  →      ① 普及・啓発事業
高次                  ② 地域における当事者・家族への専門的相談
脳                      支援の充実（地域の関係機関との調整等）
機    
能                    ③ 研修事業                等を行う
障
害  サービス利用 →   ┌──────────┬──────────────────────┐
者                   │ 支援体制整備 │・関係機関、自治体職員に対する研修│
・                   │              │・関係機関への指導、助言          │
家                   ├──────────┼──────────────────────┤
族                   │ 相談支援     │・専門的なアセスメント、ケアマネジ│
                     │              │  メントの実施                    │
                     └──────────┴──────────────────────┘
                     支援コーディネーター等による関係機関との連携
```

就労支援機関　　福祉サービス事業者　　医療機関　　患者団体　　市町村

事業の中で、高次脳機能障害の人への支援に関する取り組みを普及・定着させるため、都道府県が高次脳機能障害支援拠点機関を指定することになっています。

高次脳機能障害者への支援の流れ

受傷・発症	→	医学的リハビリテーション	→	在宅生活支援	→	就労支援
		・基本動作、日常生活動作等の改善 ・認知機能の評価、改善　等		・日常生活動作や生活動作等の再獲得 ・生活リズムの安定 ・金銭管理やスケジュール管理といった生活管理能力の再獲得 ・コミュニケーションスキルの再獲得　等		・体力や生活のリズム・集中力等を整える ・職場の理解の獲得、職場内調整の実施 ・職業体験の実施 ・仕事にかかわる職業能力の習得　等

12　高次脳機能障害支援拠点機関

13 医療機関

▶ 医療機関との連携が重要

　病気や事故などにより仕事をすることが困難になってしまった場合には、医療機関との密接な連携が必要不可欠です。仕事を続けていく上での注意点を本人のみならず事業所に伝えたり、そのための配慮点なども助言します。またリハビリテーションを通して、職場復帰するための支援も行ったりします。

　例えば、交通事故などにより高次脳機能障害になってしまった場合、まずは医学的リハビリテーションを行い、在宅生活に必要な能力の回復を進めていくことになります。ここでの生活リズムや健康管理習慣の獲得が職業リハビリテーションでも重要になってきます。その後、復職や、新たな職場への就職支援を行っていくため、治療内容や健康管理上の留意点のほか、医学的知見からの注意点が職業リハビリテーションを行うにあたっての重要なポイントとなります。

▶ リワークデイケア

　また、精神科や精神保健福祉センターで行われているデイケアの一部では、**リワークプログラム**を導入しているところもあります。うつ病等で休職している人が、再び復職できるように、専用のプログラムを実施しています。医療として実施されるため、障害者総合支援法による自立支援医療を活用することで、金銭的な負担も軽減されます。

　デイケアでは、基本的には、まず生活リズムをつくるところからスタートし、復職にあたってどのような点を不安に思っているのか、困っているのかをスタッフと共有していきます。そのなかで、自分自身がストレスと感じることは何か、そのストレスをかわすために必要な力を獲得することで、再発防止へとつなげていきます。

医療機関による職場復帰支援　図

職場復帰支援の役割例

・治療の開始、休業中のケア
・主治医による職場復帰可能の判断

主治医、本人家族、事業者が連携を取り合って職場復帰をサポート

主治医
家族
労働者
事業者
産業医
管理監督者（職場の上司）
事業場内産業保健スタッフ等※

※：衛生管理者等、事業場内の保健師および心の健康づくり専門スタッフ、人事労務管理スタッフ等

・復職の可否についての判断
・職場復帰プランの作成
・職場復帰後のフォローアップ

リワークプログラムの流れ（例）

労働環境の調整
作業能力の再獲得
課題の整理、ストレス対処行動の獲得
自身の状況についての自己覚知
生活リズムを整える

13　医療機関　97

14 教育機関

▶ 大学の中にも障害を抱える学生が増えている

　近年は大学に進学する学生の割合は増え、大学から一般就職するというのが一般的なものとなりました。大学の中には就職進路課といった学生の就職相談に応じる就職関係部局があり、企業の情報収集や履歴書の書き方や面接の練習など、さまざまな支援をしてくれています。一方で**障害のある学生も増えてきており、従来どおりの就労支援では対応しきれなくなってきているケースが増えてきています。**

　例えば、うつ病により大学に来ることが困難になり、それに伴って就職に関して自信がなくなってくる、といったようなケースや、学力はとても高いものの、発達障害により協調性などに乏しく、一般就職が難しいケースなど、学生によって抱えている問題もさまざまです。学生のもつ課題に合わせた対応が求められています。

▶ キャンパスソーシャルワーカーとの協働

　そのようななかで、近年では多くの大学で**障害学生支援センター**といった障害学生のための支援部局が設置されるようになってきました。そこでは学業に関してはもちろん、今後の進路についても、就職関係部局と連携しながら、障害者枠での就職支援、内定先との調整なども行っています。また**キャンパスソーシャルワーカー**を配置し、外部との調整のほか、担当ゼミ教員など大学内部へアプローチし、障害学生支援に対する認識を高めていこうとしているところも少なくありません。筆者もキャンパスソーシャルワーカーと協働して学生の生活、進路指導を日々行っています。事務局だけ、教員だけでは障害学生の就職支援をすべて対応することは困難です。**学内組織が一致団結して障害学生支援に取り組んでいくことが今後の大学教育では必要なのです。**

障害学生を取り巻く状況 図

障害学生数と障害学生在籍率

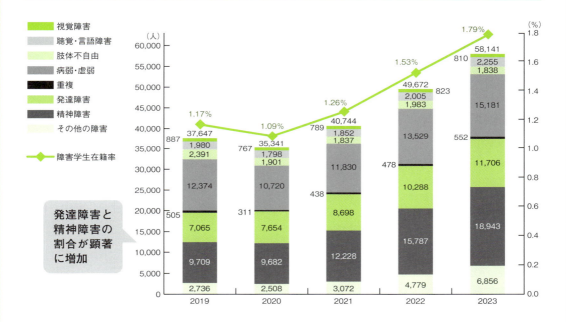

発達障害と精神障害の割合が顕著に増加

障害学生への支援体制

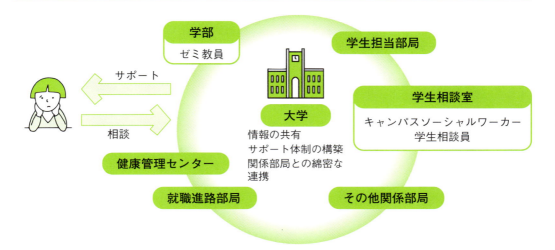

14 教育機関

第 3 章 参考文献

- 厚生労働省「令和3年度障害福祉サービス等報酬改定検証調査 調査結果報告書」
- 厚生労働省「障害者福祉施設における就労支援の概要」
- 厚生労働省「平成30年度障害福祉サービス等報酬改定における主な改定内容」
- 厚生労働省「就労系障害福祉サービスの概要」
- 独立行政法人労働者健康安全機構「産業保健とは」(https://www.johas.go.jp/sangyouhoken/tabid/649/Default.aspx)
- 独立行政法人労働者健康安全機構「治療と仕事の両立支援コーディネーターマニュアル」
- 東京都障害者職業能力開発校(https://www.hataraku.metro.tokyo.lg.jp/school/handi/index.html)
- 厚生労働省「人材開発施策について」(https://www.mhlw.go.jp/content/001076367.pdf)
- 厚生労働省「地域障害者職業センターの概要」
- 厚生労働省「障害者就業・生活支援センターについて」
- 内閣府「平成28年版障害者白書」
- 厚生労働省「難病相談支援センターと連携した就労支援の実施」
- 厚生労働省「令和5年版厚生労働白書」
- 厚生労働省「改訂 心の健康問題により休業した労働者の職場復帰支援の手引き」
- 独立行政法人日本学生支援機構「「令和5年度（2023年度）大学、短期大学及び高等専門学校における障害のある学生の修学支援に関する実態調査」結果の概要について」
- 国立研究開発法人国立精神・神経医療研究センター「リワークデイケアについて」

第 4 章

障害者に対する就労支援を取り巻くしくみ

01

チーム支援

● 自分らしく働くことを支えるためのチーム支援

　障害者の就労支援に関するさまざまな支援機関が存在し、各支援機関の役割もさまざまです。障害のある人が安心して働き続けられる状態を維持するための体調面や生活面のサポートや、自己管理をするサポートなど、その人の状態に合わせたサポートが必要になります。それぞれの支援機関が用いるアプローチや焦点をあてる事象は異なりますが、その人が自分らしく働くことをサポートするという点では共通しています。支援機関やその人を取り巻く環境（企業や家族等）がそれぞれの特長を活かし、チームとして支援することで目標も達成されやすくなるのです。

● それぞれの特長を活かしあう支援にするために

　障害者が抱える困りごとの種類によって、必要な専門機関や支援者は異なります。心身の症状についての医療的、心理的なアプローチは主治医や看護師、臨床心理士・公認心理師などが担いやすいですが、生活面での困りごとを扱うことに長けているのは、福祉機関や家族である場合が多いです。職場での本人自身や周囲の困りごとを把握し、直接のサポートができるのは、職場でかかわる人々や、就労定着支援事業所、障害者就業・生活支援センターのスタッフなどです。人によって必要な支援は異なるため、本人の希望に合わせて、必要なサービスについて本人へ情報提供をすることも大切です。そのため、**支援にかかわる人々が、各支援機関の特長を把握し、日頃から連携することで問題が大きくなる前に対処できる**体制を整えられます。それぞれの立場から予防的なかかわりを保ちつつ、問題が起こったときには、チームミーティングで情報共有することや、それぞれの役割分担を検討することで包括的な支援が可能となります。

それぞれの特長を活かしあうチーム支援の構造　図

就労支援におけるチームとしての連携

就労場面
本人の就業に関する配慮・自己管理に関するサポート

企業

情報共有・相談など ↓↑ 情報共有・介入の提案

障害者就業・生活支援センター
全般的な相談対応・問題があったときの介入

就労定着支援
定期面談・自己対処や配慮の見直し

就業準備性やスキルなどの情報提供 ←
→ 本人の現状共有・配慮や自己対処のすり合わせ

就労準備
本人の就業準備性を高めるサポート

地域障害者職業センター
職業評価、ジョブコーチ派遣

就労継続支援・就労移行支援
就業に必要な全般的スキルの訓練

ハローワーク・職業訓練校
求人窓口・職業相談対応・特定のスキル取得の支援

↓ 本人の生活面のニーズや困りごとの共有・相談
↑ 本人の体調や生活面に必要な調整の共有

↓ 本人の就業生活に必要な状態の共有
↑ 本人の体調や生活面に必要な調整の共有

医療・生活面
本人の体調や生活に関するサポート

相談支援事業所
必要な福祉サービスの案内や相談窓口

訪問看護
自宅への定期的な訪問・血圧測定など必要な看護リハビリの提供

ソーシャルワーカー
全般的な相談対応・問題があったときの介入

医療機関
服薬調整や診断、医療的な介入

役所（障害福祉課）
障害年金など公的サービスの説明・提供

訪問ヘルパー
自宅への定期的な訪問
掃除・洗濯・調理などの生活援助

02 障害者トライアル雇用

▶ お試し期間としての障害者トライアル雇用のしくみ

　障害者トライアル雇用とは、求職者である障害者と雇用者である企業双方の視点から、その企業における適性や就労可能性について吟味できるよう、一定期間障害者を雇用できる制度です。実施の際には、賃金の一部を補填する助成金が受給できます（支給要件の詳細はハローワークへの問い合わせが必要です）。言い換えると、有給インターンのようにお試し雇用ができるしくみです。雇用期間としては精神障害者の場合は原則6か月、身体障害者の場合は原則3か月であり、お互いの合意があれば短縮できます。

▶ 有効に活用するための事前準備

　企業側のメリットとしては、初めて障害者雇用を行うときの環境調整や配慮事項についてあらかじめ検討する期間にできることや、応募者の業務適性や職場の受け入れ担当者や環境との相性が合うか、**事前に確認した上での受け入れ**ができることです。トライアル雇用の段階で応募者の障害特性や配慮事項についてヒアリングし、受け入れ部署にて配慮事項をどのように実施できるかを検討し、合わせて障害に関する研修を実施すると、長く安定した雇用にもつながるでしょう。障害者側のメリットとしては、実際に賃金をもらって**働きながら困りごとや配慮事項の調整をしていく**ことや、**その企業で働きたいか、働けそうかを事前に確認できる**ことです。就労移行支援など、現在使っているサービスを継続しながら参加することができますので、トライアル雇用前に障害による困りごとや配慮事項を整理しておくとよいでしょう。トライアル雇用開始前から就労移行支援や地域障害者職業センターと連携することで、問題があったときの対処や本人の特性に合った業務への取り組み方がより具体的になります。

障害者トライアル雇用の活用方法 図

「障害者トライアル雇用」のしくみ（ハローワークから紹介を受けた場合）

企業
④選考面接
⑤障害者トライアル雇用開始
⑧障害者トライアル雇用終了
（継続雇用移行の判断）
→ 継続雇用移行／雇用期間満了

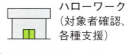
ハローワーク（対象者確認、各種支援）

求職者

①求人申込み（障害者トライアル雇用求人）
③職業紹介
⑦実施計画書の提出
②求職登録・職業相談
⑥実施計画書の作成

求職者と企業側で継続雇用移行要件の確認を行います

障害者トライアル雇用の活用の流れ

開始前	障害者トライアル雇用	終了後

開始前

障害者
・障害特性・自己対処・配慮の整理
・支援機関に相談

雇用事業主
・受け入れ部署の環境調整
・障害理解

障害者トライアル雇用

障害者
・業務適性確認
・自己対処の実施
・職場の雰囲気体感

雇用事業主
・業務適性確認
・配慮事項の実施
・担当者の所感確認

終了後

障害者
・業務適性や自己対処、配慮事項の振り返り・就労意向の伝達

雇用事業主
・業務適性や配慮事項の振り返り、就労可能性のすり合わせ

2021（令和3）年度からテレワークの場合は障害者トライアル雇用期間を6か月に延長可能

03 精神障害者総合雇用支援

● 採用前から雇用継続までを支援する精神障害者総合雇用支援

　2018（平成30）年から精神障害者も雇用率に算定できるようになりましたが、精神障害者を雇用した経験のない事業主は、どう進めればよいかわからない場合も少なくないでしょう。そこで、全国の地域障害者職業センター（➡ P.89）において、精神障害者を雇用している、あるいは雇用しようとする事業主に対して、主治医との連携のもとで、雇用促進・職場復帰・雇用継続それぞれにおける障害者および雇用事業主のニーズに対して専門的な支援を行う**精神障害者総合雇用支援**を行っています。

　雇用促進支援では事業主に対しては採用および雇用についての助言を行い、障害者に対しては職業適性の評価（職業評価）や研修などの職業準備支援を行います。職場定着のため双方に対してジョブコーチによる支援が可能です。職場復帰支援では障害者職業カウンセラー等が障害者・雇用事業主・主治医の同意に基づいて、職場復帰に向けた活動の進め方や目標を計画します。雇用継続支援では、職場で安定して働き続けるための、相談や助言を行います。

● 採用前、雇用前からの利用を検討する必要性

　精神障害は目に見えにくく、企業側も障害者も就労に不安を感じやすいと思いますが、第2章を参考にしつつ、このようなしくみを活用することが**安心材料**になるでしょう。事業主側は障害者雇用を計画する段階で、障害者は就労を考えたタイミングで活用すると一連のサービスの価値が高まります。就労後はジョブコーチ支援はいずれ終了することが前提であるため、就労定着の状況によって、支援が継続的に必要なケースでは長期的な見通しをもち、ほかの支援機関を併用することが望ましいでしょう。

精神障害者の雇用促進等を支援するしくみ　図

精神障害者総合雇用支援

雇用促進支援

採用前

採用や就職準備の支援
雇用事業主、障害者それぞれへの提案や支援

雇用事業主

採用計画や準備に関する支援
→採用プロセスの確認や職場環境の整備など

障害者

適性評価やスキル取得の支援
→ストレス対処や特性把握、職業選択への助言など

雇用継続支援

採用後

職場適応の支援
ジョブコーチの派遣
→実際に起こる問題に対する助言や支援

雇用事業主

職場環境や雇用管理に関する支援
→障害や問題についての見立てや具体的な対応方法の提案など

障害者

職場定着に必要な職場への適応力向上に関する支援
→実際の業務遂行に必要な自己管理やコミュニケーション方法の助言など

職場復帰支援

職場復帰の調整

障害者・雇用事業主・主治医の3者による同意に基づいた支援計画の策定

→職場の状況と、障害者の病状や主観的状態のすり合わせ

リワーク支援

3者同意の上での復職に向けた支援

→地域障害者職業センター内の支援によるウォーミングアップ・リハビリ出勤の支援
※病状の悪化により中止する場合もある

職場復帰・フォローアップ

03　精神障害者総合雇用支援

04 精神・発達障害者しごとサポーター

▶ 職場の応援者である精神・発達障害者しごとサポーターの養成

　職場において精神・発達障害のある人を温かく見守り、支援する応援者のことを**精神・発達障害者しごとサポーター**と呼びます。全国の都道府県労働局で、しごとサポーター養成講座が開催されており、2時間程度の講座で精神障害、発達障害についての基礎知識や一緒に働く上で必要な配慮を学ぶことができます。オンラインで簡易な講座を受講することもできますし、各職場への出前講座の実施も可能です。精神・発達障害者支援に関するより専門的な研修としては「**障害者職業生活相談員資格認定講習**」と「**企業在籍型職場適応援助者（ジョブコーチ）養成研修**」があります。

▶ ともに働きやすい職場環境をつくるために

　2024（令和6）年3月に障害者職業総合センターが公表した「障害者の雇用の実態等に関する調査研究」によると、精神障害者および発達障害者の最も多い離職理由はともに「職場の雰囲気・人間関係」であり、**職場でのコミュニケーションについての配慮を必要とする回答が多い**です。このことから、職場の上司や同僚、人事担当者が精神・発達障害やサポート方法について理解を深め、サポーターとして存在することが精神・発達障害のある人の職場定着にもつながることが期待できます。精神・発達障害者が退職することなく仕事を続けられることは、職場全体の業務効率を向上させることにもつながります。精神・発達障害者が働きやすい環境は、ほかの従業員にとっても雰囲気のよい、そして対人関係のよい働きやすい職場環境なのではないでしょうか。しごとサポーターの研修を人事担当者や受け入れ部署の上司や同僚が受講することによって、**精神・発達障害者と一緒に働く人々がともに心地よく働ける**ことが期待できます。

サポーター養成と働きやすい職場の構築　図

精神・発達障害者しごとサポーター養成講座の概要

内容	「精神疾患（発達障害を含む）の種類」、「精神・発達障害の特性」、「共に働く上でのポイント（コミュニケーション方法）」などについて
メリット	精神・発達障害についての基礎知識や、一緒に働くために必要な配慮などを、短時間で学ぶことができる
講座時間	90分程度（講義75分、質疑応答15分程度）
受講対象	企業に雇用されている人を中心に、誰でも受講可能。現在、障害のある人と一緒に働いているかどうかなどは問わない

働きやすい環境をつくっていく仕掛けとして機能する

精神・発達障害者しごとサポーター養成講座受講者

関連部署　　上司　　同僚　　人事担当

講座内容を意識したかかわり

ほかの同僚　　障害者　　ほかの同僚

ほかにも同じような事情を抱える人もいるかも

なるほど、そういうふうにかかわればいいのか

わかってもらえて安心

誰にとっても働きやすい環境へ

04　精神・発達障害者しごとサポーター

05 就労パスポート

▶ 障害者の包括的な特徴を伝える就労パスポート

就労パスポートは、障害者が、働く上での自分の特徴やアピールポイント、希望する配慮などについて、支援機関と一緒に整理し、雇用事業主にわかりやすく伝えるためのツールで、就職活動段階や採用選考時、就労後の職場定着における利用ができます。

内容としては、①職務経験、②仕事上のアピールポイント、③体調管理と希望する働き方、④コミュニケーション面、⑤作業遂行面の5項目と、就職後の自己チェック欄と支援機関についての記入欄があります。支援者と一緒に作成することで、本人は気づいていない、でも客観的に見て困りそうなことを発見し、事業主側に伝えることが可能です。

▶ 実際の就労を想定して就労パスポートを作成する重要性

障害者は、これまで見落としていた自分の希望や特徴を整理することができ、自己理解を深めることができます。また、自分の特徴や就労における希望、配慮事項を整理し、支援者や事業主側にわかりやすく伝えるツールとして活用することができます。事業主側としては、障害者の特徴や希望、配慮について一つの資料で把握することが可能であり、また、本人が自分で対処できることを把握することで、自己対処のスキルを伸ばす可能性を検討できるため、受け入れにあたっての安心材料とすることができます。

実際の就労に役立つ就労パスポートにするために、障害者は前職や就労移行支援・就労継続支援の訓練など、**実際の就労場面を想定して記載しましょう**。支援者に意見を求めることで、客観的視点も伝えることができます。事業主側は、就労パスポートの内容について**不明点や詳細を支援者や障害者に確認して、より受け入れに役立つ情報にしましょう**。

就労パスポートを活用するポイント　図

就労パスポートの内容とポイント

項目	概要とポイント
①職務経験	これまでの就労経験や支援機関などで経験した職務の客観的情報を記載する（期間・作業内容・勤務形態・勤務時間・日数など）
②仕事上のアピールポイント	職場で実際に発揮してきた強み・得意なこと、スキルと、今後強みやスキルを活かせそうな仕事内容を主観的・客観的に記載する。自分で思いつかない場合は、支援機関の担当者等と一緒に振り返る
③体調管理と希望する働き方	ストレス・疲労を感じやすい状況とストレスサイン・対処法を記載する。どの項目も、職場を想定した内容を選択し、具体的に記載する。他の人から見てわかるストレスサインや対処法であれば、職場での環境調整も実施しやすい。希望する働き方は無理なく働き続けるための配慮をして当てはまる項目にチェックを入れる
④コミュニケーション面	コミュニケーションの特徴についてチェックボックスと自由記述を活用して伝える。コミュニケーションは双方向のやりとりであるため、支援者などから客観的な評価をもらうと齟齬が少なくなる
⑤作業遂行面	作業面の特徴についてチェックボックスと自由記述を活用して伝える。自分で対処していることの欄は、作業の正確性や効率を高めるために、あるいは苦手な面を補うために工夫していることを具体的に記載する
就職後の自己チェック	就職後に一定期間ごとに自分の変化や成長を記載し、支援機関や職場と振り返ると具体的な目標やステップアップにつながりやすい 職場環境の変化によって必要となった自己対処や配慮があれば適宜就労パスポートを更新する
支援機関	職場定着において継続利用が必要な支援機関の名称、連絡先の電話番号、利用している支援の内容・頻度を記載する

就労パスポート活用の流れ

障害のある人

さまざまな体験

自己理解を深める

振り返り

事業主などにわかりやすく伝える

就労パスポート

働く上での
・自分の特徴
・アピールポイント
・希望する配慮　など

事業主、職場の上司・同僚など

職場実習前、採用面接時、就職時
体調把握、作業指示、コミュニケーション、合理的配慮の検討などの参考にしてもらう

就職後
雇用管理上の配慮の実施状況確認、ステップアップに際して必要な配慮、支援内容の検討などの参考にしてもらう

障害のある人一人ひとりの特徴に即した職場環境整備

職場定着！

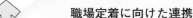

職場定着に向けた連携

各支援機関による就労パスポート作成支援、就職・定着支援

06 委託訓練

▶ 多様な訓練を提供する委託訓練制度

障害者の**委託訓練制度**は、障害者の職業能力の開発・向上を図ることを目的に、都道府県（職業能力開発校・障害者職業能力開発校）が事業の実施主体となって、企業、社会福祉法人、NPO法人、民間教育訓練機関等の多様な訓練委託先を活用し、障害者のニーズに対応した多様な職業訓練を実施する制度のことです。地域の実情に応じた訓練機会を提供するとともに、**障害者職業能力開発校が設置されていない地域でも障害者が職業能力を高める機会をつくるために**開始されました。

対象はハローワークに求職登録している障害者で、訓練期間は原則3か月以内で月100時間が標準です。訓練内容としては、①知識・技能習得訓練コース（知識・技能の習得）、②実践能力習得訓練コース（企業等の現場を活用した実践的な職業能力の開発・向上）、③eラーニングコース（訓練施設への通所困難者等を対象としたIT技能等の習得）、④特別支援学校早期訓練コース（生徒を対象とした、実践的な職業能力の開発・向上）、⑤在職者訓練コース（雇用継続に資する知識・技能の習得）があります。

▶ 自分に合った訓練コースを選ぶための事前確認

民間団体の多様な委託先が提供しているため、各コースにおける訓練内容もさまざまです。**どの訓練を受けるのがよいか判断に迷う場合は、ハローワークに相談するとよいでしょう。**また、特定のスキルを身につけるような訓練を受講することを検討する場合は、まずその訓練が自分に適性がありそうか、就労する上で活用を想定できそうかについて吟味しましょう。適性を検討するにあたり、地域障害者職業センターが提供する**職業評価**（➡ P.89）を受けることがおすすめです。

委託訓練のコース概要と選択のポイント　図

委託訓練の各コース概要

	①知識・技能習得訓練コース		②実践能力習得訓練コース	③eラーニングコース	④特別支援学校早期訓練コース	⑤在職者訓練コース
	集合訓練	障害者向け日本版デュアルシステム				
目的等	民間教育訓練機関、社会福祉法人、NPO等を委託先とし、就職に必要な知識・技能の習得を目指す（座学および実技による集合訓練）	民間教育訓練機関、社会福祉法人、NPO等を委託先とし、就職に必要な知識・技能の習得を目指す（座学・実技・職場実習を一体的に行う）	企業等を委託先とし、事業所現場を活用した実践的な職業能力の開発・向上を目指す	訓練施設への通所困難者等を対象にeラーニングのノウハウを有する訓練実施機関等を委託先とし、雇用就業の促進に必要なIT技術等の習得を目指す	特別支援学校等に在籍する生徒のうち、未内定の就職希望者を対象として就職に向けた職業能力の開発・向上を目指す	在職障害者に対して、雇用継続に必要な知識・技能の付与を目指す（「知識・技能習得」「指導員派遣」「eラーニング」の3コース）
訓練期間	最長6か月以内原則3か月以内	原則6か月以内※集合訓練は1か月以上5か月以内、職場実習は1か月以上3か月以内	原則3か月以内	上限6か月以内原則3か月以上	原則3か月以内	原則3か月以内
訓練時間（1か月あたり）	標準100時間下限 80時間	標準100時間下限 80時間（職場実習は下限60時間）	標準100時間下限 60時間	標準100時間下限 80時間	標準100時間下限 60時間	上限160時間下限 12時間

各委託訓練コースの選択ポイント

①知識・技能習得訓練コース → 知識や技能の伝達から実技までを実施するため、すべての人に向いている。就業未経験者も参加しやすい

②実践能力習得訓練コース → 実際の企業現場などにおける訓練となるため、ある程度のビジネスマナーや知識があり、実践的能力を高めたい人に向いている

③eラーニングコース → オンラインで受講できるため、外出が難しい人、IT関連のスキルを習得したい人に向いている

④特別支援学校早期訓練コース → 特別支援学校の生徒で就職前に働くために必要な能力を身につけたい人に向いている

⑤在職者訓練コース → 既に就労中の人で、現在の職場で働き続けることに難しさを感じている人や、新たな知識やスキルを習得したい人に向いている

07 職場実習

▶ 職場と障害者の相性を事前確認できる職場実習のしくみ

職場実習は、就労後のイメージを雇用事業主と障害者双方がもつために行う、採用前の実習のことです。要件を満たすことで雇用事業主は「**障害者職場実習等受入謝金等**」を受給できます。支給要件の詳細や障害者トライアル雇用（➡ P.104）との併用可否は、独立行政法人高齢・障害・求職者雇用支援機構へ事前に確認する必要があります。

　書類選考や面接ではイメージしにくい、実際の職場での業務や同じ部署の人との相性を検討することができます。障害者にとっては実務を通じて自己理解を深め、自分に合う職場環境かどうかについて確認ができる場です。雇用事業主としては、職場の受け入れ体制を整えるための手がかりを得ることや、マッチングの確認や配慮事項の具体的なすり合わせができる場であり、**雇用後の就労定着率を上げることにもつながります**。実習期間は謝金を得る場合1週間から1か月と定められていますが、人柄の確認や職場環境の調整を目的とする場合は1～2週間程度で実施されることが多いです。

▶ 就労後の伸びしろを見据えた職場実習という意識の重要性

　配慮や自己対処の内容も、実際の業務や職場環境を体験することで見えてくることがあります。雇用側が職場実習を有効活用するためには、ミスマッチを気にするあまり、**「欠点探し」にならないように、強みや伸びしろを併せて評価することが大切**です。

　応募者は、職場実習に対して漫然と取り組むのではなく、一つでもよいので具体的な目標を立てておきましょう。苦手なことや練習中の自己対処をあえて実施することで、長期的にその職場で働き続けられるかをイメージする材料になります。**客観的な視点からの助言がほしいときは支援機関に相談するとよい**でしょう。

職場実習の各段階におけるポイント　図

職場実習開始前

企業
- 実習受入部署・業務内容の決定
- 実習期間・受け入れ人数の決定
- 業務の流れや担当者、指示系統の決定
- （申請する場合）受入謝金支給要件の確認・手続き

障害者
- 実習内容・企業情報の確認
- 実習目的の明確化
- 実習目標の決定
- 障害の配慮事項や自己対処の整理と言語化する練習
- スーツ等準備物の確認

支援機関（ある場合）
- 企業への業務の流れや実習の設定について相談に応じる
- 障害者の実習目標設定や障害の配慮事項と自己対処の整理について相談に応じる

職場実習期間中

企業
- 障害者の強みや伸びしろ、就労を想定したときの課題を把握する
- 障害者本人へ実習評価を適宜フィードバックする
- 受け入れ部署の所感を確認する

障害者
- 実習目標を意識して実習に取り組む
- 業務の負荷や実習が体調に影響するか確認する
- 自己対処や配慮がうまくいっているか確認する
- 困ったら適宜支援機関や企業に相談する

支援機関（ある場合）
- 実習前の顔合わせや実習期間中に同行し、職場環境と障害者の様子を確認し、必要な介入を行う
- 体調や困り感について必要に応じて企業に対して情報共有を行う

職場実習終了後

企業
- 振り返り面談において強みと苦手、実習中の変化をフィードバックした上で最終的な評価を伝える
- 今後雇用を検討する場合は採用フローを障害者に伝える

障害者
- 業務内容や自己対処、配慮について振り返る
- フィードバックと振り返りを今後の就職活動に活かす
- その職場での雇用可能性がある場合は、自身の意向を明確にしておく

支援機関（ある場合）
- 障害者との振り返り及び企業との振り返り面談に同席する
- 第三者視点から、マッチングや職場の環境調整、障害者の自己対処や配慮の調整について助言を行う

第4章 参考文献

- 厚生労働省「「障害者トライアル雇用」のご案内」
- 独立行政法人高齢・障害・求職者雇用支援機構「精神障害者総合雇用支援のご案内」
- 厚生労働省「障害者雇用のご案内～共に働くを当たり前に～」
- 厚生労働省「精神・発達障害者しごとサポーター」
- 厚生労働省「就労パスポート」
- 厚生労働省「障害者の多様なニーズに対応した委託訓練」

第 5 章

障害者雇用における実践事例

01

就労移行支援事業所での実践事例
「安定して働き続けられる生活」の実現を目指して

1 事業所説明

　特定非営利活動法人ブルースター：就労サポートセンターかみまちは、「働く」支援に特化した通過型の事業所として、2009（平成21）年から高知県高知市で活動しています。

　障害福祉サービスとしては、就労移行支援・就労継続支援（B型）・自立訓練（生活訓練）・就労定着支援、食事提供を行っています。

事業所の外観

　また、制度の狭間にあるニーズにも応えられるように、高知県の単年度事業「高知県ひきこもり自立支援体制構築事業」（2019（令和元）年～）、「就労体験拠点設置事業（生きづらさを抱えた人対象）」（2021（令和3）年～）、「就労体験拠点設置事業（障害者対象）」（2022（令和4）年～）を受託しています。

2 事業所の特徴

（1）就労分野における魅力あるサービス・事業を開拓し続けたい

　当事業所は「就労移行のその先を見たい！」「やりたいことをやりきれる事業所をつくりたい！」という思いで設立しました。

　働くための支援を軸に、目の前にあるニーズをキャッチしたら、既存にないものはニーズに合うサービスを創造している事業所を探してモデルにし、新しい分野・面白い

取り組みにチャレンジしています。また、一人ひとりのニーズに応じて「働く」可能性を伸ばし、多種多様な「働く」につなげ、必要な人に必要なサービスを必要なだけ提供できるようにすることを目標にしています。

(2) ニーズに合わせたコース選択を可能に
①一般就職に向けたフルセットコース
　一般就職して安定して働き続けることを目指す人を対象に、職業訓練（作業とプログラムを併せて提供）、就労アセスメント、企業見学、就労体験（企業実習）、求人検索、面接同行、就労定着支援などを提供しています（オンラインサービスあり）。

表1 実施している作業とプログラム

どのコースでも、好きなものをチョイスできる

作業　さまざまな作業を用意
- ポスティング
- 調理補助
- 会館清掃
- 調理片づけ
- 昆布の袋づめ
- 画用紙袋づめ
- 文具袋づめ
- コード処理
- ティッシュ袋づめ
- お菓子袋作り

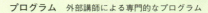

プログラム　外部講師による専門的なプログラム
- 音楽
- 体育
- 就活
- 国語
- パソコン　お楽しみネット講座
- パソコン　実践事務コース

オンラインの様子（プログラム受講）

プログラム（就活）

②働くリズムをつけたい人用のコース（ワークスペース1／ワークスペース2）
　まず一歩踏み出す場所として、どなたでも使いやすいように、①来所日数・時間、②作業内容、③活動場所を自分に合わせて選択ができ、ICカードで入退室管理を行い、いつでもリフレッシュすることができます（サロン・ドリンクバーあり）。

サロン（ドリンクバー）

ワークスペース1（ブース席）

ワークスペース2

01　就労移行支援事業所での実践事例

③進路相談・就職相談・キャリアアップしたい人用のコース（サテライト）

　ソーシャルワーカー・キャリアコンサルタントによる就職相談・キャリアアップの提案、資格取得のためのサポートなどを行います（オンラインサービスあり）。

サテライト（学習スペース）

④就労体験拠点設置事業

　就労に対する悩みや不安を抱える障害・生きづらさを抱える人を対象に、実際に企業で働くことを通して、職業準備性や作業能力、働く意欲、自信の向上を図り、一般就労を促進していく事業です。当事業所は、高知県中部エリア担当で、現在およそ60社に協力してもらっているため、さまざまな職種での職業体験ができます（体験利用者には交通費、企業には協力金が出ます）。体験期間中は、支援スタッフがフォローアップし、体験終了後に評価をしてもらって振り返りを行っています。

就労体験の様子（品出し作業）

⑤在宅支援の可能性

　一般就職をして、安定して長く働き続けることを目指している訓練生のなかには、作業能力はありながらも来所が安定せず、さまざまな来所の促しとして、モチベーションの上がりそうな取り組みの工夫・電話連絡・家庭訪問（自宅の清掃や体調確認、個別プログラムなど）・面接・ケース会議・通院同行などを行っても、継続来所が困難になる人たちがいます。行き詰まりを感じていたときに、新型コロナウイルスの感染予防対策

表2 在宅支援での動き

時間	内容
8：40～	①日誌（メール）→ Zoomにつなぎます ②日誌・身だしなみチェック
9：00～	Zoomで朝礼（来所での利用者も含め全員で） →以降、Zoomは、つないだままにします
9：15～ 12：00	内職・パソコン作業 →作業の指示を受け、作業開始 →わからないことがあったら、そのつど確認 →終了時は、どれだけできたかを確認 　（チャット機能を使って文書で報告した人から、対面での振り返り）
12：00	昼休み
	月　　火　　水　　木　　金
13：00～ 15：00	就活　パソコン　国語 Zoomにつなぎ、作業かプログラムに参加 →参加者全員で、やりとりしながら進めます →終了したら、メールで日誌を記入し、書けた人から振り返りを行います

で在宅支援を実施することになり、希望者全員に iPad・Wi-Fi ルーター・パソコンの貸出を行い、終日 Zoom をつないで、来所と同じ時間で日誌記入・身だしなみチェック・朝礼（あいさつ練習・体操含む）、作業・プログラムを提供し、わからないことがあれば質問を受け、こちらからも声かけを行いました。これまで、来所を促していても、連絡が途絶えたり、ずっと来所できなかったり、来所が安定しづらい一部の人には有効な手段となり、休まず参加ができるようになるなど、生活リズムが整えられるようになっていきました。かかわり続けることを通して、一般就職に前向きに取り組めるようになり、就職して働き続けることができるようになった訓練生も出てきています。オンラインでの在宅支援に取り組むことによって、テレワークという働き方を目指す人も利用するようになったため、テレワークでの就職支援も始めています。

（3）一般企業や関係機関に知ってほしいこと

　就労移行支援は、就職できる力をつけるだけではなく、その先の職業生活が安定して継続できるように整えていくことも含まれていると考えています。高校卒業後に少し立ちどまって将来を保留にして社会経験をつける期間の経済保障、来所が安定しない人への支援方法、就労定着支援終了後の転職支援、休職からの復職支援、就労体験拠点設置事業の協力企業に対象外の希望者（高齢・女性・若者・困窮など）が通えないか等、今の制度では対応しづらい**多種多様なニーズが目の前に現れて**きます。

　筆者は新人時代に、精神障害当事者から、「僕たちの支援計画をつくるあなたには、より豊かな生活を送ってほしい。そして、いろんな経験をしてほしい。あなたが豊かであれば、僕たちの支援計画は、より豊かになるはず」と語られたことがあります。また、ソーシャルワークに魅力を感じて福祉分野を学ぶなかで、「大きく太い１本の支援者の線は強いが、なくなると０になる。それより少し細くても、**網の目のように、その人を取り巻く支援があれば、困ったときに誰かが気づけて、どこかのフォローは続いている**」という考え方にも影響を受けてきました。

　一人の発想や力では及ばないことも、その人を取り巻くたくさんの支援者の力をつなぐことによって、豊かな発想・力を生み出せると信じて活動を展開しています。今後も、制度の狭間にあるニーズ、既存の取り組みでは対応しづらい課題への具体的なアプローチ・対応策の創出をし続けていきたいと考えています。

02

地域障害者職業センターでの実践事例

障害者職業センターの事業主支援とジョブコーチ支援について

1 施設の概要

　地域障害者職業センター（以下、職業センター）は、独立行政法人高齢・障害・求職者雇用支援機構が運営する施設で、各都道府県に設置されています。ハローワーク、障害者就業・生活支援センター、就労移行支援事業所等と密接に連携し、就職や職場定着を目指す障害者、障害者雇用を進める事業主、また障害者の就労を支援する関係機関の支援者に対して、支援を提供しています。主な支援内容として、①職業相談、②職業評価、③職業準備支援、④ジョブコーチ支援、⑤リワーク支援、⑥事業主に対する相談・支援、⑦就労支援を行う関係機関への助言・研修等を行っています。

職業センターの外観

2 支援機関との連携

　就労支援を行う主な支援機関として、職業センターのほかに、ハローワーク、障害者就業・生活支援センター、就労移行支援事業所等がありますが、筆者が所属する兵庫障

図1 職業センターの支援の流れ

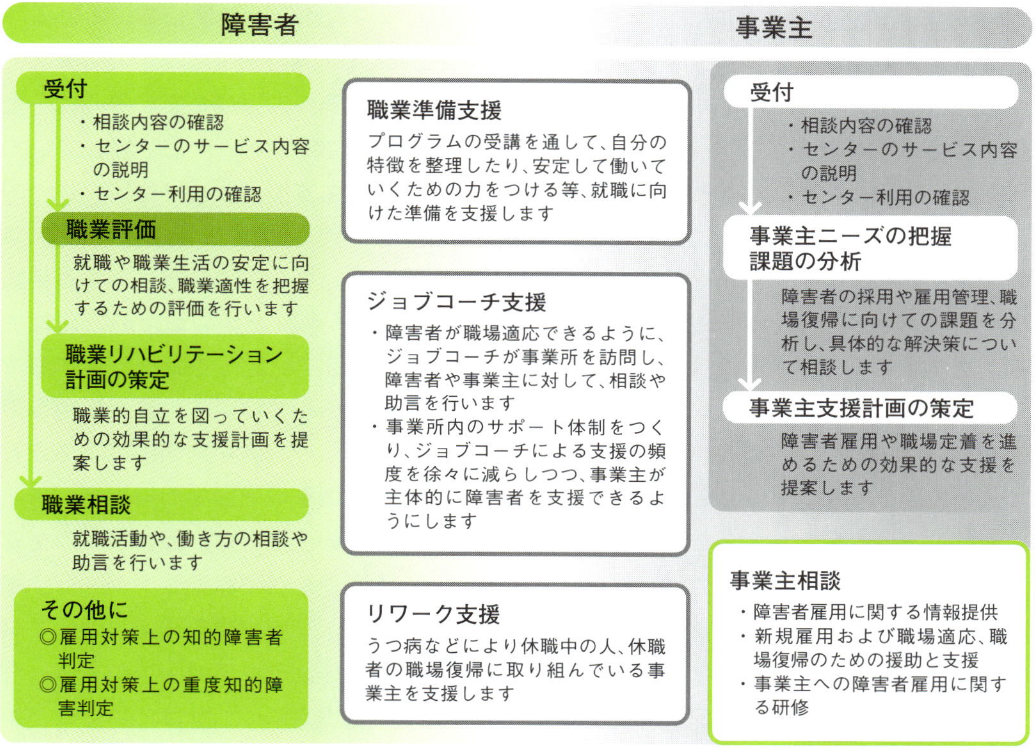

障害者

受付
・相談内容の確認
・センターのサービス内容の説明
・センター利用の確認

職業評価
就職や職業生活の安定に向けての相談、職業適性を把握するための評価を行います

職業リハビリテーション計画の策定
職業的自立を図っていくための効果的な支援計画を提案します

職業相談
就職活動や、働き方の相談や助言を行います

その他に
◎雇用対策上の知的障害者判定
◎雇用対策上の重度知的障害判定

職業準備支援
プログラムの受講を通して、自分の特徴を整理したり、安定して働いていくための力をつける等、就職に向けた準備を支援します

ジョブコーチ支援
・障害者が職場適応できるように、ジョブコーチが事業所を訪問し、障害者や事業主に対して、相談や助言を行います
・事業所内のサポート体制をつくり、ジョブコーチによる支援の頻度を徐々に減らしつつ、事業主が主体的に障害者を支援できるようにします

リワーク支援
うつ病などにより休職中の人、休職者の職場復帰に取り組んでいる事業主を支援します

事業主

受付
・相談内容の確認
・センターのサービス内容の説明
・センター利用の確認

事業主ニーズの把握課題の分析
障害者の採用や雇用管理、職場復帰に向けての課題を分析し、具体的な解決策について相談します

事業主支援計画の策定
障害者雇用や職場定着を進めるための効果的な支援を提案します

事業主相談
・障害者雇用に関する情報提供
・新規雇用および職場適応、職場復帰のための援助と支援
・事業主への障害者雇用に関する研修

害者職業センターがある兵庫県は、障害者雇用を先進的に進めていく気風があり、2024（令和6）年4月現在、国・県が設置する障害者就業・生活支援センターが10か所、市町独自の事業として実施する障害者就業・生活支援センターが8か所設置されています。これらの障害者就業・生活支援センターは、地域の就労支援ネットワークの中心として機能しており、職業センターは、必要に応じて各地域の支援機関やネットワークと連携をとりながら就労支援を行っています。近年は、精神障害者、発達障害者、高次脳機能障害のある人に対する、個別性の高い専門的な支援を求められることが増えており、地域の支援機関では支援ノウハウがなく対応に苦慮するような場合に、職業センターへの支援依頼が多くなっています。

02 地域障害者職業センターでの実践事例　123

③ 事業主支援～企業からの支援ニーズ

　障害者雇用促進法の改正により、2024（令和６）年４月から、民間企業における障害者の法定雇用率が2.5％に引き上げられ、2026（令和８）年７月には2.7％に引き上げられることになっています。この改正もあり、法定雇用率の未達成企業を中心に、企業からの障害者雇用に関する相談が増えており、今後も増加していくと予想しています。職業センターでは、こうした企業からの相談を「事業主支援」として位置づけ、個別の事業主からの支援ニーズに応じて事業主支援計画を策定し支援を行っています。事業主からの相談内容は多様で、障害者雇用の採用計画の段階での職務設定に関する相談や、社内のコンセンサス形成や従業員向けに障害に関する理解を深めるための研修依頼、職場での合理的配慮に関する助言をしてほしい等の相談が増えており、職業センターではこうしたニーズに対して、個別に相談や研修を実施しています。また採用後の職場定着に向けては、障害者に対して職場で直接指導を行う担当者が適切に指導できることが重要ですが、一人ひとり異なる多様な障害特性や配慮事項を職場の担当者が事前に理解し適切な配慮をすることは難しいため、ときに職場の担当者は、障害者への指導に不安を感じたり、指導時に試行錯誤することがあります。そこで職業センターは、障害者の同意を得て、職場の担当者に対して障害特性や必要な配慮事項を伝え、現場で試行錯誤している疑問に対して相談を受け助言をします。このような事業主への支援を行うことで、障害者が適切な配慮を得られるようになり、職場定着につなげていくことができます。障害者への支援だけでなく、職場の担当者に対する支援を行う場合にも有効なのが、ジョブコーチ支援です。

④ ジョブコーチ支援

　障害者が職場に適応することができるように、支援計画に基づいてジョブコーチが定期的に事業所を訪問し、障害者や事業主に対して、相談や助言を行い職場での課題を改善します。またジョブコーチは、事業所内のサポート体制をつくり、ジョブコーチによる支援の頻度を徐々に減らしつつ、事業主が主体的に支援できるようになることを目指して支援を行います。障害者が就職に際して職場定着に不安を感じてジョブコーチ支援の依頼をするケースもありますが、近年では事業主からの支援ニーズが増えています。

5 ジョブコーチ支援の事例

　発達障害（自閉スペクトラム症、ＡＤＨＤ、精神障害者保健福祉手帳３級）のあるＡさんは、大学卒業後、Ｂ社に障害者雇用で就職し、正社員の事務職として５年勤務しています。半年前からメンタル不調による早退と欠勤が増えており、障害者就業・生活支援センターに継続的に相談を行うようになっていました。不調の原因は、Ａさんが職場で担当している事務作業において、うまくスケジュール管理ができていないことやミスが出てしまうことであり、そのことを上司から注意されると、気分が落ち込んで早退や欠勤につながっていました。また自責感が強く、ときに自傷行為に至ることがありました。Ａさんは“上司は自分に対して業務上の指導をしてくれている”と考える一方で、“また注意されるのではないか”という不安や恐怖感から、上司とのコミュニケーションがうまくとれず、さらにミスを繰り返してしまうという悪循環に陥っていました。Ａさんは不調や就労上の課題はありますが、Ｂ社での就労継続を望んでおり、障害者就業・生活支援センターの担当者と相談し、ジョブコーチ支援の利用を希望しました。

　職業センターから、担当の障害者職業カウンセラーとジョブコーチがＢ社を訪問し、Ａさん、人事担当者、職場上司、障害者就業・生活支援センターの担当者とのケース会議を行いました。人事担当者からは、「Ａさんに不調が出ており、安定して働けるように、職場としてどのような配慮が必要なのか助言をしてほしい」との話がありました。また上司からは、「Ａさんに対するコミュニケーションのとり方や指導方法についてアドバイスをお願いしたい」との話があり、ジョブコーチ支援を開始することになりました。この事例では、支援期間を３か月とし、ジョブコーチは、支援期間の前半は週に１回、後半は２週に１回の頻度で職場を訪問し、Ａさんおよび上司との面談を行いました。Ａさんに対しては、不安や本人が感じる課題点を確認し、つど助言を行い、上司に対しては、Ａさんの障害特性について説明しながら、業務のなかでの指示の出し方や注意の仕方について具体的に助言を行いました。この事例の課題を整理すると、①Ａさんの体調やメンタル面の安定、②上司とのコミュニケーションのとり方、③業務上のミスの軽減、という３点になります。支援開始１か月後に実施した中間ケース会議では、ＡさんとＢ社に対して、相談用の資料（**図２**）を提示し、職場定着に向けて具体的な解決策を提案しました。

　支援期間の後半は、ジョブコーチが課題改善のための具体的な解決方法をＡさんに伝

図2 状況に応じた解決策を提案するための資料

Aさんの困っていること
① コミュニケーションが苦手（タイミング・伝え方）
② スケジュール管理（仕事の締切を忘れてしまう）
③ 作業ミスが出る

ストレス

不調
・気分の落ち込み、しんどい
・不安、頭の中がごちゃごちゃ
・自責感

対策案

○本人	・助言を得て上司とのコミュニケーションの方法を検討 ・計画・スケジュールを事前に確認し、仕事の準備をする ・マニュアルを見直し作業手順を確認	・考え方のくせを見直し、考えを変えてみる	・頓服の使用 ・気分転換（運動、散歩、ストレッチ…、合った方法を探す） ・相談する（職場、家族、主治医、就業・生活支援センター、ジョブコーチ）
○職場	・具体的な指示・言葉がけをする ・業務の優先順位を明示する ・Aさんとの相談やフィードバック方法を検討する		・体調確認 ・不調時に、主治医、産業医への受診を促す
○ジョブコーチ ○障害者就業・生活支援センター	・困りごとについて相談・助言する ・職場にAさんの特性や配慮事項、環境調整の方法を伝え、相談・助言する	・アサーティブコミュニケーションの考え方を伝え、相談する ・考え方のくせを見直す方法を伝え相談する	・体調確認、不調への助言 ・気分転換の方法についての情報提供 ・必要に応じて家族との情報共有

え、伝えた方法を職場で実践してもらい、次の支援で実践結果を振り返るということを繰り返し行いました。この事例でAさんの体調やメンタル面の安定に最も効果があったのは、認知行動療法の考え方に基づいた「考え方のくせを見直す方法」を助言したことでした。Aさんは、上司から注意をされたという出来事を悲観的にとらえ、気分が落ち込み引きずってしまうという、自身の考え方のくせを認識できたことで、自身を客観視できるようになり、気分が多少落ち込むことはあっても、自傷行為や早退・欠勤につながることがなくなりました。

また、上司とのコミュニケーションのとり方に関する課題については、アサーティブコミュニケーション※の考え方を助言し、職場で必要な報告、連絡、相談が主体的に行

えるように支援を行いました。Aさんは、上司とのコミュニケーションの必要性は理解していましたが、"どのタイミングで"、また"どんな言葉で"、伝えればよいかという点で迷ってしまうことが多かったため、ジョブコーチから、具体的な伝え方やタイミングを繰り返し助言しました。その結果、Aさんは徐々に自信を取り戻し、上司とのコミュニケーションが少しずつできるようになりました。業務上のミスの軽減に関する課題については、Aさんがこれまでに作成してきた作業マニュアルの内容を見直し再整理しました。また、作業を始める前にマニュアルを必ず確認することを習慣化することで、作業のミスが軽減されるようになりました。ジョブコーチの支援期間終了後は、ジョブコーチが月1回程度、職場を訪問しフォローアップを行っていますが、その後も安定した状態で勤務することができています。

6 おわりに

職業センターは、公的な支援機関として、障害者雇用に関する相談に幅広く対応しています。そのなかでも、精神障害者、発達障害者、高次脳機能障害のある人への個別性の高い専門的な支援や、地域の支援機関や事業主において支援ノウハウがない事例に対して重点的に支援を行っていますので、必要に応じて各都道府県の職業センターを活用してもらえたなら幸いです。

※（アサーティブコミュニケーション）：自分と他人、一人ひとりの自己表現を尊重し、自分の考えや気持ちを率直に、正直に、その場の状況に合った適切な方法で行うコミュニケーションのこと。

03

障害者就労支援センターでの実践事例
地域の関係機関と連携して障害者雇用の促進と生活の安定に取り組む

1 事業所の特徴

(1) 沿革

　障害者就労支援センターめいりは（以下、めいりは）は名古屋市が設置する就労支援機関です。名古屋市内には国の事業により設置された障害者就業・生活支援センターが1か所ありますが、人口226万人（2010（平成22）年国勢調査当時）の市に1か所では対応に限界があり、2012（平成24）年に同様の機能をもつ支援機関（障害者就労支援センター）を名古屋市が独自に3か所設置しました。現在はこれらの4か所で市内の障害者の就労に関する相談と支援に対応しています。

(2) めいりはの職員体制と支援対象者

　めいりはの職員体制は、所長1名、就労支援員4名の計5名体制です。各々が社会福祉士、精神保健福祉士、ジョブコーチ、キャリアコンサルタント等の資格をもっています。

　支援対象者は原則として名古屋市内に住む障害者です。障害福祉サービスではないため受給者証は不要で、本人の申請により利用登録者（以下、利用者）となります。登録や支援に費用はかかりません。

　障害者手帳は必須ではありませんが、ほとんどの利用者が障害者手帳を持っています。**図1**は利用者の持っている障害者手帳の内訳です。利用者の半数以上が精神障害者

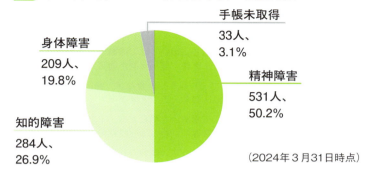

図1 利用者の持っている障害者手帳の種別内訳

手帳未取得 33人、3.1%
身体障害 209人、19.8%
精神障害 531人、50.2%
知的障害 284人、26.9%

（2024年3月31日時点）

保健福祉手帳を持っています。「手帳未取得」には障害者手帳を申請していない人や対象となっていない難病等の人が含まれています。

　めいりはのある名古屋市総合リハビリテーションセンターには高次脳機能障害支援センターや視覚障害者の支援部門、障害者基幹相談支援センター、名古屋市身体障害者更生相談所があり、利用者の紹介や専門的な助言など積極的に連携をしています。

2 障害者就労支援センターめいりはの取り組み

(1) めいりはの支援の流れ

　就職に向けた支援の流れは**表1**（P.130）のようになっています。利用者の多くは一般就労を希望していますが、働くために必要な体調管理や基本的な生活習慣等が整っていない場合は、就労移行支援事業所や就労継続支援事業所等の利用を提案します。就労継続支援事業所を利用しながら、その事業所と連携してめいりはで就職活動の支援をする場合もあります。

(2) 実績

　表2（P.130）は過去5年間の主な実績指標の推移です。

　就職して1年後の職場定着率は年度によって変動はありますが、国が示す目標値の80％前後で推移しています。

　図2（P.131）は相談支援の内訳の推移です。「職場定着に向けた相談・支援」が増

表1 めいりはの支援の流れ

1	予約受付	相談は予約制。受付時に現在の状況や困りごと、障害の内容、今後の希望等を聞き取りながら、簡単なアセスメントを行う
2	初回相談・登録	相談内容を詳しく聞き取る。めいりはの役割や支援内容を説明し、本人の希望により利用者登録をする。家族や関係機関が同席することもある
3	自己発見プログラム	職業適性検査や評価ツール等を組み合わせて職業適性や職業準備性、生活状況、今後の希望等を整理し、詳しくアセスメントする
4	支援計画	アセスメントをもとに支援計画を相談する。すぐ就職活動を始める場合や、就労移行支援や就労継続支援等を利用して一般就労を目指す場合もある
5	就職活動支援	ハローワークと連携しながら求人情報の収集や求人選びのアドバイス、履歴書等の作成、面接練習、企業見学や面接の同行などの支援を行う
	引き継ぎと連携	支援計画で就労移行支援や就労継続支援等を利用することになった場合は、事業所選びを支援する。なるべく複数の事業所を見学、体験してもらう
6	職場実習支援	職場実習で本人、企業の双方が就職（採用）に向けてマッチングを確認する。実習のコーディネートや実習中の支援を行う
7	就職	就職にあたり必要な手続きや書類作成等を支援する。障害の特性や配慮について職場で研修をすることもある
8	職場定着支援	就職後は職場訪問で状況を確認したり、本人や企業から相談があれば随時対応しながら徐々に支援を減らしていき、職業的な自立を目指す

表2 主な実績指標の推移

	2019年度	2020年度	2021年度	2022年度	2023年度
新規登録者数（人）	100	100	101	83	93
相談支援件数（件）	7,427	7,195	7,198	6,190	5,843
就職者数（人）	52	51	56	54	44
職場訪問件数（件）	302	354	428	481	423
1年後の職場定着率	76.8%	82.7%	85.7%	78.4%	85.2%

えています。これまでに就職を支援した人の定着支援が累積していることと、就労移行支援事業所や就労定着支援事業所等からの定着支援の引き継ぎが増えていることが要因と思われます。就労支援では、本人が仕事や職場環境に慣れるに従って徐々に支援を減らしていき、支援がなくても安定して就労できる状況を目指します。しかし、精神障害や発達障害、高次脳機能障害などがある場合は本人の体調に波があり、支援をゼロにすることは難しいことが少なくありません。定着支援が増える傾向は今後も続くと思われ、

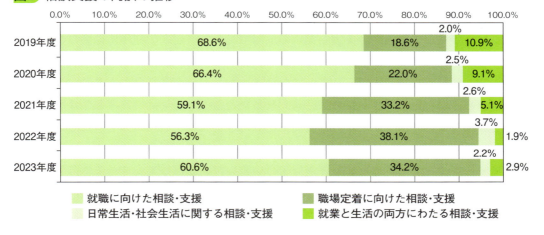

図2 相談支援の内訳の推移

■ 就職に向けた相談・支援　　■ 職場定着に向けた相談・支援
■ 日常生活・社会生活に関する相談・支援　　■ 就業と生活の両方にわたる相談・支援

増員など体制の強化が望まれます。

3 事例

　めいりはの支援は一般就労だけではなく、就労を軸にしながら本人の生活が安定し、地域で安心して暮らせることが目標です。しかし、就労から生活まですべてを一つの支援機関で支えるのは現実的ではありません。ここでは、就労支援をきっかけにほかの支援機関との連携体制を構築した事例を紹介します。

50代男性　Cさんの場合

- 認知症が疑われる高齢の父親と暮らす重度知的障害者の支援体制を構築した事例
- 自閉症を伴う重度知的障害
- ホームセンターで清掃や商品整理等に従事
- 分譲マンションで80代の父親と二人暮らし
- 介護保険や障害福祉サービス等の利用はなし

経過

　30代で就職したCさんは、職場の理解もあり約20年間概ね順調に就労してきましたが、数年前から勤怠や服装の乱れ等を店長から指摘されるようになりました。生活面に

課題がないか確認しようとめいりはの担当支援者が父親に連絡したところ、会話が噛み合わず認知症が疑われました。父親に病院の受診や介護保険の利用を提案しましたが拒まれ続け、Ｃさんの生活面の支援も父親の反対で福祉サービスの利用には至りませんでした。そこで、めいりはから地域包括支援センターと障害者基幹相談支援センターに相談をして、しばらく様子を見守ることになりました。１年程経ちＣさんの勤怠や服装の乱れ等がさらに悪化してきたため家庭訪問をしたところ、自宅はゴミ屋敷の状態で近隣からも孤立しているようでした。支援に拒否的だった父親と信頼関係を築こうと訪問を重ね、自治体の環境事業部、地域包括支援センター、障害者基幹相談支援センターと協力して少しずつゴミの処分と部屋の清掃を行いました。並行してＣさんの給与や預金を社会福祉協議会の日常生活自立支援事業を使って管理するよう手続きを支援しました。かかわる支援機関が増え、めいりはだけでは全体の状況把握が難しくなってきたため、地域福祉の要である社会福祉協議会を中心に支援体制を構築するための会議が開かれました。今後はマンションの自治会長や管理会社とも連絡をとりながら各支援機関の担当者が交代で訪問して生活状況の改善に取り組み、父親の認知症の進行やＣさんの加齢に備えることになりました。

振り返り

　父親は折りにふれ「息子のために」と口にします。周囲の働きかけを頑なに拒んでいましたが、息子の支援者であるめいりはとは何とかコミュニケーションをとってくれたことからも、父親の息子を思う気持ちが想像できます。早くに母親を亡くし父親が生活全般を支えてきましたが、高齢になり生活面の世話が難しくなったことで問題が表面化しました。支援者としてはもっと早く適切な医療や福祉の支援につながっていればとの思いとともに**ソーシャルサポートネットワーク**の大切さを感じた事例です。

4　今後の課題

（１）利用者層の変化への対応

　名古屋市内には多くの**就労系障害福祉サービス事業所**があり、障害者の働きたいというニーズに対応しています。しかし、めいりはでは既存の障害福祉サービスに合わない、馴染めない事情がある人の相談が増えているように感じられます。体調管理や生活リズ

ムの安定、社会性等の職業準備性や生活状況に課題がある場合も多く、より丁寧で幅広い支援が必要になっています。

（2）人材の育成

　利用者層の変化は市内のほかの就労支援機関等でも同様の傾向があり、障害者支援において幅広い知識と経験をもつ人材の育成が課題です。そして、就労支援だけでなくソーシャルワークの視点で本人の生活全般をアセスメントし、地域の関係機関をつないでいく発想と必要な支援をつくり出す創造力をもった人材を育てていく必要があります。

（3）支援ネットワークの構築

　事例で示したように多様な課題を抱える人の支援では多機関がかかわる支援体制の構築が必要です。本人を必要な支援機関につなぎながら支援体制を構築していきますが、支援者の経験や人脈に依存する部分も大きく、効率的な支援のためには地域の関係機関をつなぐ支援ネットワークのようなしくみが必要です。名古屋市では2023（令和5）年度から複雑化、複合化した支援ニーズに対応する包括的な相談支援体制を整備する重層的支援体制整備事業が始まっています。就労に加えてさまざまな課題を抱える人のためにも今後の重層的支援体制整備に期待したいと思います。

5 おわりに

　国の事業である障害者就業・生活支援センターのほか、自治体が独自に設置する就労支援センター等が増えています。今後も障害者雇用を広げるためには、働く障害者それぞれの生活状況に合わせた支援体制を地域の関係機関とともにつくる必要があります。その役割の一端を労働と福祉をつなぐ障害者就業・生活支援センターや自治体独自の就労支援センターが担えるよう、今後も人材の育成と地域のネットワークづくりに取り組んでいきます。

04

リハビリテーションセンターでの実践事例
障害の自己認識をサポートし、安定した就労・社会生活の持続を目指す

1 施設の特徴

1989（平成元）年10月に開設された名古屋市総合リハビリテーションセンターは、相談から医療、訓練を経て社会復帰に至るまでの一貫したリハビリテーションサービスを提供しています。

そのなかにある「なごや高次脳機能障害支援センター」は、愛知県から委託された「高次脳機能障害支援拠点機関」として、病気や事故によって脳に何らかの損傷を負い、後遺症として高次脳機能障害がある人の専門的な相談支援を行っています。一般的な医療機関とは異なり、医療職と福祉職が密接に連携して社会復帰に向けた支援を行っているのが特徴です。

名古屋市総合リハビリテーションセンターの外観

2 高次脳機能障害のある人の就労支援

(1) 適切な診断の大切さ

高次脳機能障害の主な症状には、注意力、記憶力、理解力の低下等がありますが、住み慣れた自宅や制限された入院生活では特段の問題が出ず、本人も周囲からも一見すると全く障害はないように思われることがあります。とりわけ身体的な問題が少ない場合

では、医師からも治った、問題ないと言われて短期間で自宅に退院したり、特別な治療なく通院が終了することがあります。

最近では、高次脳機能障害の診断を受けられる医療機関が増えているため、診断は受けたもののどのように社会生活や仕事に影響が出るのかといった説明がなく、本人や家族も十分に課題を認識しないままということがあります。その状態で復職もしくは新規就労をしていざ仕事にとりかかると、受傷・発症前にできていたことができない、指示された仕事を忘れてしまう、ミスを多発する、できていないことを自覚できず周囲とトラブルを起こす、といった事態となり、最悪の場合、休職や退職になってしまうこともめずらしくありません。

そのようなことにならないためには、高次脳機能障害に関する適切な診断および支援を受け、==自分の苦手なこと、対処方法、自分に適した職種を理解することが必要で、かつ周囲に配慮してほしい事柄が理解されていること==が大切です。

図1　高次脳機能障害の主な症状

記憶障害
- すぐに忘れるようになった。
- 新しいことを覚えることが苦手になった。

遂行機能障害
- 物事を関連づけて考えることが苦手になった。
- 段取りが悪くなった。
- 効率的に計画を立てることが苦手になった。

注意障害
- 同時に複数のことに注意がはらえなくなった。
- うっかりミスが増えた。
- 集中力が続かなくなった。

社会的行動障害
- 自己主張が強くなった。
- 我慢できなくなった。
- ささいなことでイライラするようになった。
- やる気が出なくなった。

※重症度には個人差があります。

（２）評価・診断からリハビリテーションへ

　受傷・発症から一定期間（おおむね180日）内の人は入院・外来によるリハビリテーションを受けられます。医師、看護師、作業療法士、言語聴覚士、公認心理師等の医療職がかかわり、苦手になったことを確認し、対処法についてアドバイスを受けながら訓練します。

　また、残念ながら受傷・発症から長期間が経過してしまい、初めて高次脳機能障害の診断を受けたいと思って来院した人に対しては、詳細な検査や経過の聞き取りを行い、記憶、注意、遂行機能といった高次脳機能のどの部分が苦手になっているかを明らかにし、対策をアドバイスします。

（３）医療から福祉へ

　さらに、体力に自信がない、通勤できるかわからない、前と同じ仕事ができるか心配、といった不安が残る人には、障害福祉サービスの自立訓練を使って体力向上、通勤練習などの生活課題をクリアしたり、就労移行支援サービスを利用して、スモールステップを踏むことをお勧めしています。準備不足で職場に出て失敗するよりも、訓練で自分の弱みを把握しておけば対策もとれますし、職種を選択するにも絞りやすくなるからです。

（４）支援コーディネーターの役割

　高次脳機能障害支援拠点機関で相談を担当する支援コーディネーターは、検査やリハビリテーションを受けている人、福祉サービスを利用している人、就労中の人、いずれのステージにいる人であってもサポートできます。定期的な面談を通して、障害認識を促すためにいろいろな事例を解説したり、一緒に課題を整理したり、各種制度の活用・情報提供をするなど、非常に幅広い分野に関して対応しています。

　就労支援の分野では、要望と必要に応じて職場（上司、人事、産業医、保健師等）に対して高次脳機能障害についての説明をすることもできます。新規就労を希望する人には、その人の障害特性や職歴等をふまえて、地域の就労支援機関に支援を依頼し、適宜連携しながら就職活動をサポートします。自動車の運転再開を希望する人の相談にも対応します。

図2 名古屋市総合リハビリテーションセンターの支援の流れ

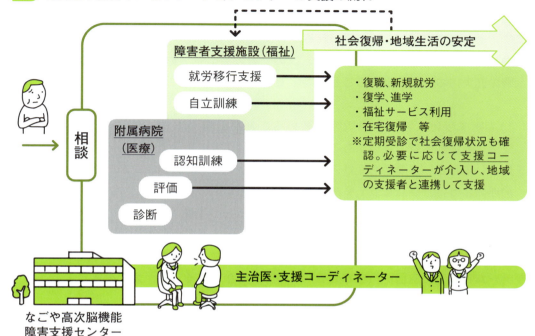

3 就労支援のポイント

では、高次脳機能障害のある人が就労するためには、どのような視点が必要なのでしょうか。障害者の目線で考えていきます。

（1）生活・健康面の安定が大前提

いうまでもなく、仕事をするには、定期的な通院や服薬をして健康状態が安定していること、通勤できる力、仕事をする体力があること、住居、家族関係や経済基盤等といった生活面が安定していることが大前提となります。

高次脳機能障害のある人は、脳に大きなダメージを受けていることもあり、人によっては身体まひはなくても、頭痛やめまい、意欲低下など何らかの心身の不調を伴うこともよくあります。新しい自分の体調と上手に付き合いながら社会生活を送れるように準備が必要です。

また、実は仕事以外の時間の過ごし方も重要です。上手に休養したり趣味の活動に取り組めると、ストレスも軽減され仕事にもよい影響が出るという調査や報告は多くあります。そこまで余裕がないと思われるかもしれませんが、まずは簡単に取り組める気分転換や軽い運動などを取り入れたり、友の会等の当事者活動等の情報収集を行うなど、余暇の充実について意識することが大切です。

（2）障害を受け入れて自己認識を高めることが重要

　受傷・発症前に就労経験がある人については、過去にできていた自分と現在の自分とを比較してしまい、障害を受け入れることが難しくとても時間がかかったりします。
　前述のように、リハビリテーションや福祉サービスの利用を通して、障害やその対処法に関する知識を身につけ、時には失敗しながらさまざまなパターン・事例を学習し、心理的にも十分な準備をしてから仕事に就くほうが、その後の社会生活はうまくいくと思われます。そのためには、主治医やリハビリ専門職、福祉職、支援コーディネーターがチームとなって自己認識を高めるための支援にかかわることが大変重要です。

図3　自己認識のピラミッド

出典：Crosson, B., Barco, P. P., Velozo, C. A., et al., Awareness and compensation in postacute headinjury rehabilitation. Journal of Head Trauma Rehabilitation, 4(3), pp.46-54, 1996 を一部改変

（3）自分のできることと職場から求められることのマッチング

前述した前提が一定程度クリアされた上で、**本人ができる仕事・したい仕事と、職場が設定できる仕事のマッチングがいうまでもなく大切**です。それができていれば、復職や就職活動がスムーズに行え、結果的に就職後も安定して働き続けられるでしょう。

ただ、高次脳機能障害のように見た目で障害がわかりづらい場合、職場からは何でもできそうに思われてしまいがちです。また、当初は配慮されながら業務を行ったとしても、しばらくスムーズに遂行できた場合、本人の前向きな希望や職場の厚意により新たな業務が付加されたり、異なる業務への転換がされた途端にうまく業務がこなせなくなることもあります。双方のギャップがあまり大きくならないよう、高次脳機能障害の特性を理解している支援機関が継続的にかかわって、就労前から復職・就職後も随時調整を図る体制をとることが望まれます。

（4）長期的フォロー

いったん職業生活が安定しても、家族状況、人事異動、会社の経営状況の変化などの環境要因により、一変して就労継続が不安定となる場合があります。就職後も就労定着支援事業所や障害者就業・生活支援センターといった定期的・長期的に本人をサポートする地域の就労支援機関がついていると安心です。さらに支援コーディネーターがバックアップすることで、本人、家族、職場、支援機関のいずれにも負担がかかりすぎないよう調整を図ることができ、結果的に就労を含めた社会生活の安定につながります。

4 まとめ

このように、高次脳機能障害のある人の就労支援の目標は、わかりづらい障害を本人・家族および職場によく理解してもらった上で、できるだけ本人の希望に沿った仕事に就き、最小限のストレスでもてる力を発揮しながら、安定した社会生活を送れるように支援することだと考えています。

そのために私たちは、適切なタイミングでの診断、訓練、就労支援から、アフターフォロー（就労定着支援）まで、医療職と福祉職とが連携して長期的に**伴走支援**していきます。

05

精神科病院での実践事例

医療の現場でPSWとして「暮らす・働く」を支援する

1 施設の特徴

（1）京都大学医学部附属病院精神科神経科について

当院は京都市左京区にある国立の大学病院で、1899（明治32）年12月に開所し、2024（令和6）年12月で創設125周年を迎えます。

京大病院外観

「診療・研究・教育」を基本理念とする多くの診療科を有する特定機能病院であり、「精神科神経科」（以下、当科）もその中の一つの診療科として、重度の精神疾患や専門的な治療を必要とする患者へ地域の医療機関や支援機関とも連携をしながら医療を提供する役割を担っています。

対象となる疾患もさまざまであり、統合失調症や気分障害（うつ病や双極性障害など）、摂食障害や発達障害、依存症、高次脳機能障害など多様な疾患に対する専門治療を行っています。

当科は発症・悪化早期に短期間で集中治療を行うための「急性期治療病棟」を大学病院の精神科としては最大規模の60床（2024（令和6）年5月現在、新型コロナウイルスの影響で規模を縮小）で有しており、外来診療は1日平均100名前後の患者が受診し、京都府のみならず、他府県から通院している人や身体疾患の治療を当院で受けながら精

神科にも通院している人がいるのが特徴です。

　精神科リハビリテーション機能として「デイ・ケア診療部」があり、個々の患者に合わせた自立・就労に向けたプログラムを提供しています。

　また、当科はこれまで長らくほかの診療科とは別に本館外に西病棟として独立していましたが、2021（令和3）年秋に本館内の北病棟に移転し、院内の他部門とこれまで以上にスムーズに連携を行うことが可能になり、患者のニーズにより迅速に対応できるようになりました。

精神科神経科外来外観

（2）精神科相談室について

　患者や家族、地域の医療機関や支援機関の相談窓口も充実しているのが当院の特徴でもあります。

　「精神科相談室」もその一つで、当科内に設置された精神保健福祉領域に特化した相談援助部門です。

　3名の精神保健福祉士（以下、PSW。「Psychiatric Social Worker」の略。精神保健福祉士法で位置づけられた精神障害者に対する相談援助などの業務に携わる国家資格。mental health（メンタルヘルス）に対応する職種として「MHSW」とも呼ぶ）が在籍しており、当科に通院・入院している患者やその家族に対して主に以下の業務を行っています。

① 　入院早期からの退院支援計画の立案
② 　長期入院者の退院支援
③ 　外来患者の生活支援
④ 　ほかの医療機関、支援機関、行政機関等との連携業務
⑤ 　院内外の患者支援にかかわる会議・カンファレンスへの参加
⑥ 　その他精神保健福祉にかかわる業務

　当科で治療中の患者に限らず、昨今の患者は医療的課題のみならず社会的課題を抱えていることが多いです。そのため求められる支援内容も多岐に渡り、「退院後の生活で

家事や服薬管理に不安がある」「収入がなく経済的な問題を抱えている」「退院する家がない」などが例として挙げられます。

　受けた相談内容をもとに担当PSWが患者の意向を確認しながら、課題解決に向けて障害福祉サービスや介護保険サービス、訪問看護やリハビリテーションなどの医療サービス、成年後見制度などさまざまな社会資源の活用の提案、利用調整を行っています。

　また、**患者をケアする家族にも支援が必要となるケースも増えており、そうした家族に対して適切な支援を提供することは当科の診療においても不可欠**となっています。

② 就労支援の実際

　入院中や通院中の患者家族から就労に関する相談を受けることも少なくありません。

　就労を希望しても抱える疾患や障害ゆえに一般企業での就労が難しかったり、退職後のブランクがあり就労や就活に不安を抱えている人もいます。医療機関は主に「治療」を提供する場所ですが、患者への支援の一つとして地域の支援機関と連携して、就労を希望する患者のニーズに応えていく取り組みを行っています。連携を図る地域の支援機関としては「精神科デイケア」や「訪問看護」などの医療サービス事業所、「相談支援事業所」や「発達障害者支援センター」「行政機関」などの相談窓口、「就労移行支援」や「就労継続支援（Ａ型・Ｂ型）」「ハローワーク」などの就労支援事業者など多岐に渡ります。医療機関のPSWの就労支援とは何か、どのような役割を果たしているか、事例を通して紹介します。

（1）事例紹介：40代男性　Ｄさんの場合

- ・統合失調症の診断
- ・3年間で入退院を繰り返しており現在入院中
- ・「退院後に働きたい」と漠然と考えている
- ・同居の両親も高齢になり、自身の収入はない
- ・正規雇用歴はあるが、退職以降、自宅でのひきこもり期間が長い
- ・生活リズムも昼夜逆転しがち、服薬管理や日常生活にも不安が残るが、本人の自覚は乏しい

当科では入院時に医師や看護師、作業療法士、臨床心理士（公認心理師）などの多職種が本人にかかわりながら治療を進め、カンファレンスなどで各職種のかかわりから得られた情報を集約、評価し明らかになった課題への対応や解決策についてチームで協議します。PSWは「退院支援」として、本人・家族の意向を聞き取りながら、チームで得られた客観的な評価をもとに課題解決のための社会資源の活用や地域支援との連携を進める、いわば医療と地域支援との「橋渡し」のような役割を担います。

　Dさんにとって、退院あるいは就労する上での課題は以下と考えられました。

① 経済的課題
② 社会復帰を目的としたリハビリテーションの必要性
③ 生活リズムや服薬管理などの日常生活上の課題

　PSWとの面談開始当初、Dさんは「就職や生活に何の不安もない。昔と同じように働ける」「退院したら自分で求人を探します」と話しました。退院後の生活イメージも漠然としており、少し焦っているような印象を受けました。

　面談を続けるなかで、本人の「働きたい、働ける」という気持ちは尊重しながら生活基盤を整えること、再発を予防するために体調を確かめながら焦らず進めていく必要があることを繰り返し伝え、退院後の生活について具体的に話し合いました。

　結果としては❶障害年金の申請、❷訪問看護の利用、❸就労継続支援B型事業所の利用に同意が得られ、入院中にいくつかのB型事業所の見学を実施、希望する事業所が見

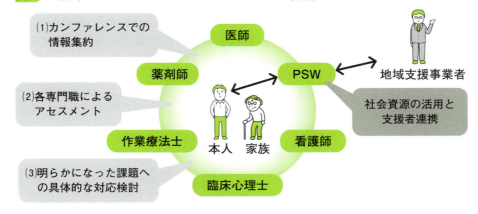

図1　入院中のカンファレンスにおけるPSWの役割

つかり、体験を実施し受け入れが決まりました。そうして、本人・家族・病院スタッフ・支援関係者が集まった退院前カンファレンスを開催し、週2回通所が決まり、退院後は、順調に通所しています。

　次の事例をみていきましょう。

（2）事例紹介：20代女性　Eさんの場合

- 自閉スペクトラム症（ASD）、注意欠如多動症（ADHD）の診断
- 外来通院中
- 大学在学中の就活でうまくいかず就職できず
- 大学での友人交流もほとんどなく授業でのグループワークも苦手
- 就職した場合も対人関係に不安がある
- 就労移行支援を利用開始

　主治医からの紹介で病院のPSWが介入し就労移行支援の通所を開始したEさん。

　順調に通所し、企業での実習を控えていましたが、気分の落ち込みから休むことが増えてきました。

　就労支援の担当者から「このまま実習に進むのがよいか、少し様子を見るほうがよいか主治医の意見を伺いたい」とPSWに連絡がありPSWから主治医に報告したところ、診察場面でEさんは「実習を頑張りたいと思う反面、実習先で人付き合いができるか、仕事をこなせるか不安が大きい」「朝も起きにくくなり休むことが増えている」「申し訳なさもあり、どう相談したらよいかわからず、担当者にも相談できていない」と話していることがわかりました。主治医・PSWからEさんへ担当者と今後についての話し合いを提案したところ、承諾され、話し合いが実施されました。話し合いの場では改めてEさんの抱える不安など思いの共有や主治医からの病状説明、担当者から実習に関する説明などが行われ、「今後実習先で困ったときは誰にどのように相談するか」など具体的な対応方法を確認しました。話し合いを終えてEさんは少し安心した表情で、実習には参加したいと話し、その後実習に参加しました。

　就労支援の現場においては、本人の思いや体調を汲み取りながら進めていくことが必要ですが、医学的判断が求められたり、担当者のみですべてを把握することが難しい場

図2 外来でのPSWの役割

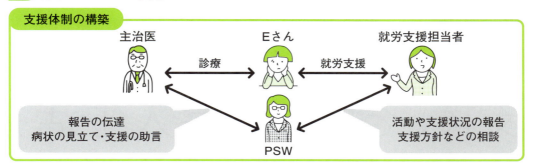

合があります。そのような場合において主治医との連携は非常に重要であり、外部からの相談窓口、本人を中心においた支援体制の構築などが病院のPSWの役割として求められます。Eさんの場合も支援体制を構築することで本人のみならず就労支援担当者の不安も解消され、よりよい支援に結びついたと考えられます。

3 「働きたい」のか「働かねばならない」のか〜「働くことの意味」を探る

事例のような就労についての相談は多いものの、病状がまだ重かったり、働くための準備段階にある人も多く、医療機関で働くPSWとしては直接的な就労支援は難しいです。しかし、暮らしていくことと働くことは切り離せず、Dさんの家庭で起こっていることはいわゆる「8050問題」に近いものであり、社会問題を背景とした本人の状況や希望に合った支援の活用・提案がPSWとして求められる役割であるといえます。

また、まだまだ治療段階にある患者の「働きたい」という声の背景には「働かねばならない」という切迫感や焦りのようなものがあることが多く、患者一人ひとりへの支援を通して経済的な課題や社会から孤立している不安に向き合いながら、その人にとって「働くことの意味」を見つけていく作業も就労支援において重要な視点の一つと考えます。

05 精神科病院での実践事例　145

06

教育機関での実践事例

修学支援から就労(就職)支援、そして社会人生活へとつないでいくために

1 機関の特徴

(1) 高等教育機関で学ぶ障害のある学生数

　大学など高等教育機関で学ぶ学生は324万7212人です（2023（令和5）年、独立行政法人日本学生支援機構調べ）。そのうち、障害のある学生（障害学生）は、5万8141人で、前年度より8469人増えています。2016（平成28）年の障害者差別解消法の施行以降、まずは国公立大学で、「差別的取り扱いの禁止」と「合理的配慮の提供」

図1 高等教育機関で学ぶ障害学生数

- 視覚障害 810人 1.4%
- 聴覚・言語障害 2,255人 3.9%
- 肢体不自由 1,838人 3.2%
- その他の障害 6,856人 11.8%
- 病弱・虚弱 15,181人 26.1%
- 精神障害 18,943人 32.6%
- 発達障害 11,706人 20.1%
- 重複 552人 0.9%
- 全体の障害学生数 58,141人

が義務となり、そして2024（令和6）年、改正法の施行によって、私立大学においても義務となりました。このような背景から近年では障害学生支援室を設置する大学が増えてきています。

在学中の支援内容は、障害の特性によりさまざまです。高等教育機関で学ぶ障害学生の、障害種別の構成は**図1**のとおりです。障害種別では、「精神障害」「病弱・虚弱」「発達障害」で全体の78.8％を占めています。これら学生の共通点は、「外からは見えづらいこと」です。障害による困難を抱えながら、人知れず、学生生活を送っている学生が多いことがわかります。

（2）大学における障害のある学生への支援

障害学生への大学における支援は、大きく四つの時期に分かれ、行われています（**図2**）。①～③までを入試担当課室や障害学生支援室で担い、④は就職支援室が行っている大学もあれば、障害学生支援室と連携しながら、支援している大学もあります。

図2 障害学生支援の四つの時期

①入学試験時の支援

②入学時に行う相談支援

③在学中の修学支援や配慮

④就職支援

障害学生支援室は、修学にかかわる支援を調整する役割を担っています。**図3**（P.148）は、現在、多くの大学の障害学生支援室が実施している支援内容の一例です。障害による修学上の影響は多様で個性的です。本人と障害学生支援室とで十分に話し合い、時々に応じて柔軟に変化させていくことも必要です。

また、実際の支援は、障害学生支援室のみで行うわけではありません。教職員や支援に協力をしてくれる学生と協働しながら行いま

手話の勉強会を開く支援学生

06 教育機関での実践事例　147

図3 障害学生支援の内容

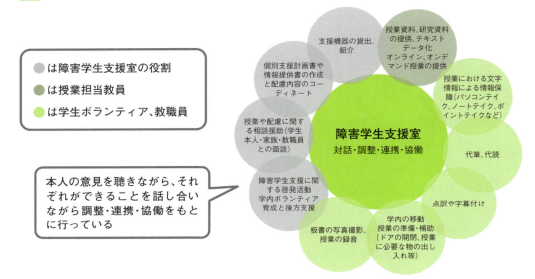

す。支援を介して、教職員や学生同士のつながりや支え合いが強くなるほど、学生生活も豊かになるでしょう。「合理的配慮」については、基礎的環境整備のようなハード面も大切ですが、お互いの何気ない声かけや思いやりなどソフト面も重要です。

（3）障害学生支援室から就職支援室へ

　障害学生支援室と就職支援室とは、定期的なカンファレンスと日常的な連携を行っています。話し合われるのは、障害特性はもちろんのこと、学生本人の個性や生活習慣、職種や仕事内容など就職に希望していること、生活の状況、修学状況、体調についてなど、さまざまです。互いに情報共有をし、支援をしていくことは、事前に本人に了解を得て行い、時には本人を交えたカンファレンスも効果的です。

　就職活動や就職後に、「合理的配慮」を希望する場合は、障害による特性や自分の特徴を就職先に理解してもらうことが大切です。自分のことを他者に伝えていくスキルを磨くことで自信が得られます。ある学生の架空事例を通して考えていきます。

【事例紹介】 発達障害のある学生との対話

ある日、障害のある学生Fさんが「就職について相談したい」と障害学生支援室へやってきました。就職支援室を案内しましたが、就職支援室へ行く前にエントリーシートの下案を一緒に書いてほしいとのことでした。Fさんは、ふだんからレポートなどをまとめたりするときに混乱しやすいという障害特性のある学生でした。

Fさんが初めに書き出してみた志望理由
・家が近い　・すぐに倒産しなさそう　・職員が少ないところがよい
・残業がなさそう

Fさんは、素直で、ごまかしや偽りが嫌いな性格です。しかし、この志望理由をエントリーシートにそのまま書くわけにはいきません。会話のなかで適宜、別の表現はできないか確認していきました。

コーディネーター：なるほど、Fさんは自宅から通いやすい会社を希望しているのですね、堅実な経営状態であることも魅力なのですね、職員が少ないほうがよいのはなぜですか？

Fさん：自分のコミュニケーションに自信がないからです。

コーディネーター：少人数のほうが、よりよいコミュニケーションをとれると思っているのですね、残業が少ないほうがよいのはなぜですか？

Fさん：夜は、友達と一緒に地域の消防団に所属していて、会合があるからです。

コーディネーター：なるほど、大切にしたい友人や地域活動のために、夜の時間を確保したいのですね。これまでの気持ちを今、確認したエピソードも交えながら書き出してみましょうか。

このように障害学生支援室では、面接のなかで学生の気持ちを確認しながら、自己理解につながるような会話を心がけています。就職活動の一歩を踏み出すときは、障害の特性だけでなく、積極的に取り組んできたことや、人間関係など学生の個性や生活環境についての情報を十分に引き出し、緊張感を和らげながら、就職支援室へ「つなぎあわせ」ていくことが重要です。

2 学外機関との連携

　学内での支援の充実とともに、近年では、**積極的に学外機関と連携する大学が増えています**。特に心強い連携先として「就労移行支援事業所」が挙げられます。「就労移行支援事業所」は、在学中からの部分的な施設利用のみならず、各種就職のためのプログラムを学内外で提供してくれます。卒後に学生が利用することも見込み、早めに関係を構築するなど相談できる資源として知っておくことも大切です。

　図4は大学の連携先であるパーソルダイバース株式会社と学内プログラムを行った際に、プログラムで提供された「就職活動のフレームワーク」です。就職活動を始めるにあたって、障害のある学生が選択する道のりがわかりやすく説明されています。日々、就職先と学生との間に立つ立場だからこそできる専門的な支援といえるでしょう。

図4 就職活動のフレームワーク

③ 地域を知ることも重要

就職後、住む場所や生活が大きく変わることがあります。そのため、希望する職場の社内環境だけでなく、社会人となり暮らす地域がどのような環境なのか調べておく必要があります。特に、通勤のための経路、交通手段や利用可能な福祉サービスを早めに調べておくとよいでしょう。

【事例紹介】　予想外の困難

> 肢体障害のある学生Ｇさんは県外の会社に内定が決まりました。ふだんは電動車いすを使用しています。実家からほど近い大学へは公共交通機関を利用し、学内でもエレベーターを利用する等、大学生活はほとんど配慮を必要としませんでした。残すは卒業論文の提出のみという最終年度の２月、通勤に利用する予定の駅で構内工事が始まったのですが、Ｇさんがそのことを知ったのは３月の引っ越しのときでした。工事終了は８月とのことで、４月からその駅を利用することは困難なことに気がつきました。すぐに、別の移動手段を検討しなければならず、地元の相談支援事業所や市役所へ「移動支援」のことで相談したところ、引っ越し先の地域行政へ相談するように助言されました。引っ越し先の地域行政に相談をしましたが、すぐの回答は得られず、また基本的には通勤のための移動支援は福祉サービスが利用できないことがわかりました。Ｇさんは困ってしまいました。

障害のある学生の就職支援は単に入社するためだけの支援ではなく、生活するための調整などの支援が必要です。内定が決まり次第早めに転居先の行政機関に相談することをお勧めします。また、学内にも福祉サービスに目配りができるキャンパスソーシャルワーカー等の配置があると安心です。

④ おわりに

最後に障害のある学生を支える私たちが知っておかなければならないことがあります。差別をしないこと、合理的配慮を提供するのはもちろんのことですが、**最も必要なのは人との温かいつながり**です。日々のあいさつや必要なときに相談に気軽に乗ってくれる人、勉強や業務への思いやりあるアドバイスなど、誰にとっても必要な居心地のよい環境が継続的な修学や就労を可能にするでしょう。

06　教育機関での実践事例　　151

07

独立系機関での実践事例
生きづらさを抱える若者が希望をもち生活できる社会に向けて

1 はじめに

　特定非営利活動法人横浜メンタルサービスネットワークは、生活者全体を対象にした新しいヒューマンサービスを展開するべく、地域に根差すリハビリテーション（Community Based Rehabilitation）を実現し、目の前にいる人のニーズにどう対応していくかということを理念としています。その上で、保健・医療・福祉・教育等の総合的なサービスを事業化するために、公認心理師、作業療法士、精神保健福祉士、社会福祉士、キャリアコンサルタント等の専門職スタッフを配置し、さまざまなネットワークを活かしながら活動しています。

2 法人の活動～若者支援に至る経緯

　設立時には、精神障害者の就労支援を柱にし、「委託訓練」での就労準備から「ジョブコーチ」での職場定着支援を主な活動としていました。
　そのなかで「中学校にほとんど行かなかった」「病気だったから、修学旅行も遠足も経験がない」などの声から、中学生・高校生に対する**心の支援**がないことに気づかされ、2013（平成25）年に中学生・高校生の放課後の居場所をつくりました。すると、高校生からの「アルバイトをしたいけど、怖くてできない」「このままだと大人になって働くのが怖い」という声を聴き、「高校生のキャリア支援」として、10日間の夏季セミナーを企画しました。参加者の課題は多数あり、待ち合わせでのトラブルなど、スタッフに

は想像しにくい課題が満載でした。

そのようななかで、高校や大学を卒業してから、社会に一歩踏み出せないでいる若者がいることに気づきました。踏み出せない理由や原因はあまり明確ではなく、現状ではいけないと思いながらも、踏み出せずにとどまっている状態を「生きづらさ」ととらえ、生きづらさを抱えた若者の課題に取り組もうと、2015（平成27）年に本格的に若者支援に取り組む「かながわプレジョブスクール」を開始しました。

3 生きづらさを抱える若者の支援〜かながわプレジョブスクール

（1）生きる力をつける

生きづらさを抱える若者のなかには、支援を必要としながらも相談先を見つけられない場合や、支援機関とかかわりをもつことが難しい場合、支援は必要ですがその必要性を認識していない場合などが考えられますが、次への一歩が踏み出せていない理由が明確でない場合も多くあります。また、このような若者に共通する特徴として、障害の有無にかかわらず、「生きる力」がまだもてていないことが考えられます。「生きる力」の定義はいくつかありますが、かながわプレジョブスクールでは、生きづらさを抱える若者の課題と照らし合わせて「自ら考え問題を解決する力」「他者とコミュニケーションをとって行動する力」「生活や仕事で必要な知識や技能」としました。

生きづらさを抱える若者支援では、これらの生きる力を身につけ、自分の将来を自ら選択できるようになることが重要になってきます。かながわプレジョブスクールでは、生きづらさを抱える若者が、自分の将来に希望をもち、自らの人生を選択できることを目的にしてプログラムを行っています。

（2）プログラムの概要

プログラムでは、生活や社会に対しての知識や技能を習得し、それらを社会生活のなかで活用できるよう、①知識や技能の獲得を目的とした講座での学び、②得た知識や技能を実際に活用する実践での学びの2本の柱を軸としています。

全体で2年間を想定していますが、どのコースからでも何度でも受講でき、また、自分のペースで進めていくことができるように、自分で受講科目を選択できます。

図1 かながわプレジョブスクールのプログラムの概要

STEP1 プライマリーコース（1年目前半）
- 毎日をゆっくり丁寧に生活することを大切に、自分のペースをつかみます
- 「食べる」「起きる」「動く」など、まずは心と身体の健康をつくり、生活の準備をするコースです

STEP2 ベーシックコース（1年目後半）
- 他人とのかかわりを少しずつ意識したプログラムを行います
- 社会見学やほかの人がいる場所での体験をします

STEP3 アドバンスコース（2年目）
- 自己理解を深めながら、将来の方向性をまとめていきます
- ビジネスマナーを学びながら資格取得や就職体験など、将来に向けて具体的な準備を行います

図2 プログラムの全体構成と内容

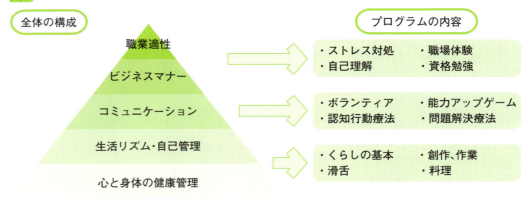

（3）細かく柔軟な段階的設定

　プログラムのポイントの一つは、細かく柔軟な段階的設定です。生きづらさを抱える若者のつまずきの理由は個々に違いますが、とても些細な理由と思われる場合があります。例えばコミュニケーションがうまくいかない場合、スキルを身につける以前に、そ

もそも「声を出す」ということが困難な場合があります。対人場面がなく、必要性を感じていない場合もあります。また、問題解決能力が低いと感じる場合、問題に対処する以前に、問題に気づいていないことや、そこでストレスを溜めていることを感じとれていない場合があります。そのため、やってみたいと思える小さな階段を積み重ねられるようにすることが大切です。

　一方で、一度コツをつかむとその後スムーズに進み、それが自信になってさらに大きく力を伸ばせるときもあります。そのようなとき、周りは成長を妨げることなく、柔軟に支援していくことが必要です。

（4）隠れている苦手もサポートする

　生きづらさに、コミュニケーションや生活リズムの問題などが関連していることは想像しやすいですが、実際にはほかにもあります。例えば「カッターを使う」「紐を結ぶ」というような細かい作業が苦手で、ふだんの生活のなかで失敗体験や劣等感が積み重なり、生きづらさにつながっていることもあります。また、コミュニケーションが苦手であることの背景に、そもそも自分の気持ちや考えを文章としてまとめることが難しい場合もあります。

　その人の苦手な部分を見つけ、成長をサポートするためには、生きるために必要なスキルを偏ることなく全体的にカバーしたプログラムを行うとよいでしょう。

（5）本人を支えるネットワーク

　プログラムへの参加のきっかけは家族からの問い合わせが多く、就労開始後もフルタイムでの仕事は難しい場合、家族の協力は欠かせません。また、社会に踏み出すにあたり、さまざまな支援機関の利用を始める人もいます。実際にプログラム修了者のなかには、支援機関や制度の利用を始めた人が多くいます。このように、家族や各支援機関のサポートなど、さまざまなネットワークが必要ですので、本人が生きる力をつけると同時に、それを支えるネットワークを広げることは不可欠でしょう。

　また、家族は本人同様に先が見えなかったり、相談する先がなかったりする場合もあります。実際、かながわプレジョブスクール参加者が障害者手帳を取得して就労をすると決めたときに、それまで手帳を取得することに反対していた家族が、ようやくその方

07　独立系機関での実践事例　　155

針を応援できるようになった、というケースもあります。家族は本人を支えるネットワークであるとともに、**家族も成長できるようにサポートする視点が必要**といえます。

4 プログラムを利用した事例

（1）できる仕事を見つけたHさん

　学生時代のボランティア経験から、子どもとかかわる仕事に就きたいとの思いが強かったHさん。「駄菓子屋カフェ」での赤ちゃんとの触れ合いや、「移動販売ボランティア」での高齢者とのかかわりを通して、周囲からも福祉の仕事が向いていると言われつつも、自信もなく、どうしたらよいのかわからず現実から逃げていました。学生時代から働いているアルバイト先では、何年も皿洗いしかさせてもらえず、辞めたくても辞めるとも言えず、毎日ぐずぐずと悩んでいるなか、紹介された病院の仕事の見学会に参加しました。仕事の煩雑さや細やかさを求められる仕事を目の当たりにして「自分にはできない」と気づき、落ち込んでいました。そこで、スタッフからHさんに合った働きやすい仕事を探そうと声をかけました。Hさんの希望とは違う職種である市場での実習に嫌々ながらもチャレンジし、実習中の頑張りを認めてもらい「働きにおいでよ」と声をかけてもらった縁で、卒業と同時に就労が決まりました。自己肯定感が低かったHさんは、ボランティアや実習を通して周囲から認められた経験や、やりたい仕事と向いている仕事は違うことに気づけたことで一歩踏み出しています。

（2）少しずつの変化を積み重ねたIさん

　声が小さく、下を向いていて、人とかかわることを避けていたIさん。仲間とのかかわりで悩み、面談では涙することもありました。そんなIさんも、日々のプログラムやレクリエーション、畑仕事や調理を通して仲間と楽しめた経験から、人とかかわりたいと思うようになります。2年目は、アルバイトをする自信がないと悩んでいたことから、「駄菓子屋カフェ」の実習、地域のボランティア活動にも参加し、社会へ一歩踏み出していきます。また、取り組んでいた秘書資格も取得。Iさんは成功体験や多くの経験を通して、前向きに将来と向き合うことができるようになり、自分で医療事務の専門学校への進学を決めました。1年間の専門学校のコースを修了し、就職しています。

5 生きづらさを抱える若者支援での課題

　生きづらさを抱える若者を支援するなかでは、ゆっくりと時間をかけて進んでいく必要性を感じています。そこには、時間や人の手が必要です。横浜メンタルサービスネットワークでは、制度の枠にとらわれない形でプログラムを行っています。しかし、それはどこでも誰でもできるものではありません。さまざまな所にいるであろう、生きづらさを抱える若者が、少しでも変化する機会をどうもてるかは今後も考えていく必要があります。そのための試みの一つとして、プログラムをワークブック形式にした『キャリアデザインハンドブック』を作成し、一人でも挑戦できる試みをしています。

　大きな今後の課題としては、社会に一歩踏み出した後のサポートの問題があります。一歩踏み出せる生きる力をもっていても、社会で継続して生きていくにはさらなる力が必要になりますが、そこまでの力をもてない場合も多くあります。実際にプログラムを修了して就労を始めた人の多くは、フルタイムの仕事ではありません。週4日が精いっぱいだったり、週5日勤務できても正社員へつながらない人が多いのが現状です。これらの若者が年齢を重ね、家族のサポートが受けられなくなったときに、生活や今後の不安の壁に突き当たると思われます。その問題を本人の成長だけに任せるのではなく、生きづらさを抱えながらも、力の凸凹に応じて生きていくことが許されるような社会を目指す必要があるのではないでしょうか。

08

特例子会社における実践事例

障害当事者の可能性を引き出す職場環境の整備を進める

※本項は、株式会社マイナビパートナーズ代表取締役社長執行役員・藤本雄氏（以下、藤本）とパートナー雇用開発事業本部・文元竜大氏（以下、文元）へのインタビュー記事を元に構成しています。

1 マイナビパートナーズにおける障害者雇用の現状と戦略

藤本：弊社にはマイナビの事務業務を代行する「パートナー雇用開発事業本部（通称、オフィスセンター）」と、障害者の人材紹介を行う「DEIソリューション事業部」という二つの事業部門があります。2024（令和6）年10月現在で従業員は284名、そのうち211名が障害者手帳の保有者です。障害の種類による内訳は、

会社の様子

精神障害者が83％、身体障害者が16％、知的障害者が1％となっています。**精神障害者のなかでは、発達障害者が65％**を占めています。精神障害者の比率が高い背景には、二つの要素があります。一つは精神障害者人口の急増に伴い精神障害者からの応募数が増えているという側面。もう一つは度重なる法定雇用率の引き上げに対応するため、今後も増加が見込まれる精神障害者の採用と戦力化に

いち早く取り組んでおかなければならないという、戦略的な側面です。

2 特例子会社としての障害者雇用の始まり

藤本：弊社の親会社である株式会社マイナビは、2013（平成25）年頃から社員数が急増しました。同じ時期に子会社を合併し、社員数がさらに増えたことと、法定雇用率の引き上げが重なり、障害者雇用を大幅に増やす必要に迫られました。当時、私はマイナビの社員採用責任者でしたが、障害者の新規配属については各現場から強い抵抗があり、うまく進められませんでした。そこで、なかば仕方なく、私は自部署のなかに「オフィスセンター」と呼ばれる、事務業務代行チームを設立し、障害者を積極的に受け入れ始めました。このチームは2014（平成26）年に4名からスタートし、2016（平成28）年には40名の部署に成長しました。そしてこのチームはのちに分社化され、マイナビパートナーズとなりました。これが、弊社が特例子会社として障害者雇用を始めたきっかけです。

3 障害の特性に合わせた多様な業務内容

文元：オフィスセンターでマネジメントスタッフ（障害者をサポートするスタッフ）を務めています。この部署では、メンバーの約8割が発達障害者です。若い世代が多いですね。

業務内容は、社内の事務代行が主で、軽作業（資料の印刷、製本、発送など）、PC作業（データ入力、リスト開拓など）、システム開発（RPA、VBA、Pythonを使った自動化ツールの作成）、クリエイティブ業務（チラシやバナーのデザイン）と多岐に渡ります。

特に発達障害のある人については、曖昧な指示が苦手な傾向がある一方で、ルールが明確で、ミスの即時フィードバックがある作業を得意とする人が多いです。そのため、プログラミングやシステム開発業務との相性はよいといえます。皆さん楽しみながら取り組んでいる印象を受けます。弊社はマイナビグループの多様な業務を請け負い、**障害者の戦力化**に力を入れています。

4 障害があっても工夫と配慮により、いきいきと働けることが可能

藤本：オフィスセンターは、初めて精神障害者を重点的に採用するチームとして設立されました。そのため初期段階では、不安やトラブルも存在しましたが、一緒に業務を進めるなかで、業務が適切に進行できることを自分たちだけでなく、社内のほかの部署の人々も感じることができたようです。そうしたいろいろな経験を重ねて精神障害者への理解が深まっていきました。特に、最初に採用した発達障害のある社員たちは、優れた仕事をしてくれたと思います。彼らは工夫と配慮により、いきいきと働けることを示してくれました。

5 職場環境の工夫と予防的なサポート体制

文元：職場では、発達障害の特性に対応するための工夫を行っています。例えば、文章のやりとりではニュアンスが伝わりにくく、認識に齟齬が生じることがある際には、資料やサンプルを用意し、工程を細分化して順を追って指示を出すといったようなことです。また、職場環境については、親会社と同じオフィスで働くことにより、自分が大きな組織の一員であるという意識をもつことができ、モチベーションを高められていると思います。

さらに、1日3回10分間のリカバリータイムを設けています。同じ姿勢を続けることによる血流不全、ずっとパソコンを見続けることによる目の疲れ、同じ作業を続けることによる集中力の低下（あるいは過集中）などへの対策として、10分以内でできるラジオ体操、ヨガ、ストレッチなどの推奨動画多数を社内で共有し、リフレッシュを図っています。

予防的な取り組みとしては、入社後の1か月間は毎日マネジメントスタッフと振り返りを行うことを必須として、問題が起きたときに相談できる環境をつくっています。入社1か月を過ぎた後は、本人と相談しながら頻度や時間を柔軟に調整しています。

また、バディ制度を設けて、一人の先輩が新入社員を担当し、業務や会社生活での困りごとをサポートする体制をとっています。これらの取り組みは、元からあったのではなく、よくある問題を防ぐために開発したものです。マネジメントスタッフ同士の情報共有を定期的に行っていて、よい取り組みは取り入れ合った

りしています。

6 障害者を戦力化するための配慮と遠慮のバランス

藤本：障害者を戦力として雇用することを諦めないようにしています。多くの特例子会社は赤字ですが、私たちは利益を生み出すことを目指しています。そのためには、障害者の皆さんにも給与に見合った利益を創出してもらうことが必要です。私は、今後の人口減少を背景とした労働力不足という社会問題に対して、障害者の戦力化は一つの解決策になり得ると考えています。

　　社員には、生活習慣をはじめとしたセルフケアを充実させることを求めています。特に障害があると、食事や睡眠、運動などの生活習慣が調子の悪さに直結しやすいためです。配慮を受けるにあたって、症状がひどくならないよう、日頃からコンディションを意識するように社員へ常々伝えています。その人のベストコンディションで会社に来ることが重要ですね。

　　そして、私はマネジメントスタッフに対して「そこに愛はあるんか？」と問いかけています。障害者が適切に仕事をこなせていない状態のとき、適切な配慮をしながら、問題点をはっきり指摘することが重要だと伝えています。指摘しなかったらいつまでも気づけません。一緒に問題を解決する方法を考え、成功したときには肯定する。このように愛をもって接することも大切だと考えています。

文元：戦力化につながるようなしくみの一つとして、入社後に障害の種類ではなく、個々の能力や希望に基づいて業務を割り振っています。会社には「障害への配慮を怠らない一方で、遠慮する必要はない」といった方針があるため、障害の特性上、困難な部分には配慮していますが、健常者と同様に目標を立て、達成できるようサポートしています。成果が上がれば評価に反映されるため、障害者もリーダー職やマネジメントスタッフ職に昇進することも可能です。

7 職場づくりの重要性と挑戦の価値

文元：マネジメントスタッフとして、障害のあるメンバーの成長を支援することに楽しみとやりがいを感じています。スケジュール管理や進捗報告は、こちらから指示を出さず、メンバーが自主的に行う形をとっています。その分トラブルがあった

08 特例子会社における実践事例　　161

ときは大変ですが、対処できるように備えています。**できると信じて任せる部分をつくることで、また新たな挑戦や成長につながるため**、よい循環が生まれているなと思っています。メンバーの役割や提供価値を信用して、活躍できる環境を整えることで、発達障害のある人が活躍していけると思います。

藤本：社員には弊社のミッション『誰もが活躍するための道を拓き、未来への道標となる。』を体現してほしいと話しています。日本では、特に精神障害者の雇用に抵抗を示す企業も多いのが現状です。そのなかで、精神・発達障害者が戦力になることを証明して、後進の道を広げる道標になってほしいという思いがあるからです。また、**失敗を恐れずに挑戦することを求めています**。しかし、精神・発達障害の人はこれまで成功体験が少ないことで、失敗を恐れる人も多いです。ですが、挑戦して失敗しないと仕事は覚えられません。そのため、挑戦して成功した人が一番評価され、挑戦して失敗した人が二番目に評価されるということを新入社員に伝えています。

ミッション

8 支援機関に求めたい、成長を促すサポート

文元：日々の経験を通して、企業が障害者雇用や障害者の活躍を推進するためには支援機関との密接な連携が重要だと感じています。**不調時に支援者が適切なタイミングで介入することで、問題の解決につながることがあるから**です。また、支援者からの客観的なアドバイスが理解につながることもあるため、メンバーには可能な限り支援機関のサポートを受けてほしいと伝えています。「障害への配慮を怠らない一方で、遠慮する必要はない」というのが弊社の方針なので、成長を促進するために、適切な範囲での負担を本人に求めることも大切です。支援者の皆さんにはそれを理解した上で本人の成長につながるように協力していただけると嬉しいです。

藤本：障害当事者の**配慮相談とは、「できない」ことを伝えるのではなく、「もし〇〇を提供してくれたら、より多くのことが可能になる」ということを伝えるためのも**のです。自身の可能性を最大限に引き出すための手段であると支援者の皆さまから教えてほしいです。

⑨　障害者雇用を通じて、誰もが活躍できる社会を実現するために

藤本：今後も精神・発達障害者の能力を最大限に引き出すための取り組みを続けていきます。そして、このような経験や蓄積したノウハウは他社に提供していきます。「DEIソリューション事業部」では、**自社での成功事例を活用し、他社における精神・発達障害者の雇用推進を支援**しています。また障害のある社員の経験談動画を公開するなどの社会貢献活動も積極的に行っています。このような取り組みは、弊社のミッション『誰もが活躍するための道を拓き、未来への道標となる。』を具現化するものです。

09

中小企業における実践事例
安定して働ける環境構築とキャリア拡充のしくみづくり

1 企業の概要

（1）株式会社i-plugについて

　株式会社 i-plug は2012（平成24）年に大阪府で創業し、2021（令和3）年に東京証券取引所マザーズ市場（現：グロース市場）に上場した IT 系スタートアップ企業です。主要事業である新卒ダイレクトリクルーティングサービス「OfferBox（オファーボックス）」を運営しています。

（2）障害者雇用の体制

　2024（令和6）年現在、i-plug では障害者雇用の人数は9名（すべて精神・発達障害者）、全従業員数に対する雇用率は2.88%です。内訳は正社員が6名、アルバイトが3名で構成されています。

　当社では、障害者雇用枠専門の部署として「OSS(Operation Support Service)チーム」を設置しました。マネジャーには、障害者育成の経験者を専任として配置し、OSSチームの機能を「あらゆる社内業務を受託し、全社の生産性向上を支援する部署」と定義しています。

チームの立ち上げから現在に至るまで約2年半が経ちますが、受けた業務数の累計は150件を超えました。業務範囲は事務領域を中心としながら、なかには特性や得意分野に合わせてイラスト制作や動画編集等のクリエイティブ業務を担うメンバーもいます。アウトプットは社内でも好評で、受託する業務の領域が拡大した結果、主要サービスの利益率や生産性向上を支える業務にも取り組んでいます。

また、社内の理解を促す取り組みとして、障害のない従業員を対象に説明会を実施しています。受講のタイミングは入社時で、目的はアンコンシャスバイアス（無意識の偏見）の気づきと削減です。障害者を特別視するような関係ではなく、障害の特性を理解し合理的な配慮を行いながら個人の能力を活かせる関係性の構築を目指しています。

❷ 障害者雇用で行っていること

（1）コミュニケーションの質と量の向上

当社ではリモート勤務制度を導入しています。個人がパフォーマンスを出しやすい環境で就労できる一方で、顔を合わせる機会が少なくメンバーの体調を把握しにくいことが課題です。そこで、コミュニケーションの質と量を高める施策に取り組んでいます。

①体調アンケートの実施

就労者は毎朝体調に関するアンケートに回答します。アンケートには体調面や懸念事項などを記入できる項目を設けています。回答をもとに体調不良の理由や対策を確認し、必要に応じて業務内容、業務量の調整や、時短制度を活用し業務時間の調整も行います。

②1on1ミーティングを実施

週に一度、1on1ミーティングを実施します。テーマは業務や就労環境、体調などが主です。困りごとがあれば気軽にマネジャーへ相談できる関係性の構築に努めています。

③朝会ミーティング

週に一度、朝会ミーティングを実施します。参加者はOSSチームに所属するメンバー全員で、業務の引き継ぎや勤怠確認、会社のイベントや連絡事項の確認等を行います。

（2）業務遂行について

業務を受託する際には、マネジャーが窓口を担当しています。依頼元には依頼内容や納期、業務マニュアルを提出してもらい、マネジャーが内容を精査してメンバーの志向

性や能力、リソースに基づきタスクを配分します。

　業務に着手する際は、一つの業務に2名以上を割り当てます。OSS チームメンバー同士のコミュニケーションを促進するほか、お互いに声をかけ合い、ケアを行える体制を構築します。受託時に必須としているのは、受託元の担当者との直接のコミュニケーションです。新規のメンバーがやりとりする際には障害の特性を共有し、納期調整や依頼内容、操作内容について話し合います。

　また、当社では情報の透明化に取り組んでいます。例えば社員のみがアクセスできる社内のポータルサイトには、OSS チームに所属するメンバーの顔写真、職務経験、得意領域、障害特性などを本人の意向のもと開示できる範囲で掲載しています。目的は、他部署のメンバーが業務を依頼する際の心理的障壁を削減し、理解を促すことです。それにより、関係者間のコミュニケーションの円滑化につながると考えています。

③ 正社員登用制度と評価制度

　当社では、入社後半年を目途に、勤務実績、業務パフォーマンス、協調性の軸で評価を行い、本人の正社員雇用に関する希望があった際に正社員登用し、安定して就労できる制度を設けています。

　また、人事評価は半期に一度行われます。評価・昇給体系は一般社員と同じものです。期の始まりに、個人の目標と達成基準を五段階で設定します。期の終わりには被評価者が自己評価を記入し、その内容をもとにマネジャーと振り返りを行います。

④ 障害者雇用への想い
（1）誰もが成長できる機会を提供する

　i-plug のミッションは「つながりで、人の可能性があふれる社会をつくる」です。

　はじめから障害を理由に諦めてしまうのではなく、障害があっても仕事での自己実現に挑戦できる社会を目指して、キャリア構築の支援に取り組んでいます。それは、障害のある社員からの要望を精査せずにすべて受け入れることではありません。対話を繰り返すなかで合理的に配慮すべき事項と、合理的配慮の範疇外となる事項の境界線を探求することを意味します。合理的配慮の範疇外であれば、スキルや特性を考慮した対策をともに考えます。

そういった経験を重ねることで、障害のある社員は自らにおける特性の深い理解とパフォーマンスを発揮し、会社は自己実現に近づく支援をするばかりではなく、自社の生産性を向上させ、利益創造につながるといった循環を生み出せると考えています。

5 就労支援事業所との連携について

i-plug では就労支援事業所との連携を重要視しており、当社担当者と障害のある社員、支援員の3者で面談を実施します。頻度は月に1回ほどで、面談時には本人の体調面の確認、現在の業務状況を共有します。課題や困難を覚えるポイントがあれば、適切な対応策を話し合います。

支援員の助言は非常に参考になります。障害のある社員の体調が不安定なとき、業務上、または生活にかかわる課題のあるときに、すぐに相談できる体制があるのは心強いです。支援員と障害のある社員で話し合いながら、過去の病歴や体調、特性、生活背景等、あらゆる情報に基づいて原因を探求し、問題の早期解決を図ります。中立的な立場である支援員の介入により、当社は導き出された解決策をもとに対策を講じられるばかりか、よりよい労働環境の構築を整えるきっかけとなることも少なくありません。障害のある社員にとっても、自己を客観的に見つめ直す機会につながると考えています。

6 今後の展望

偏見なく働ける環境をつくり、特性や志向性を活かしたキャリア構築を支援するi-plug。例として、現在動画編集に取り組む社員のケースを紹介します。この人は一般事務として採用されましたが、未経験ながら能動的に講習を受けたり自己学習を進めたりと高い意欲をもち、動画編集に携わることを希望していたため、業務の割り振りを行いました。現在では、動画編集ソフトを駆使しながら全社集会や株主総会の動画を制作するなど、専門性のあるキャリア構築に励んでいます。また、当社は自社という枠組みにとらわれず情報発信に取り組みたいと考えています。現在、日本ではベンチャー企業またはリモートワーク実施企業における障害者雇用事例は周知されていない状況です。そこで、他社にも取り組みを広げることで、障害者雇用を実践する企業の助けとなり、あらゆる企業の取り組み一つひとつが積み重なることで、人の可能性があふれる未来につながると信じています。

10

就労移行支援利用者の体験談 1
チャレンジする厳しさと楽しさ

▶ 語ってくれた人
K.M さん（30代女性）　障害種別：適応障害
就労移行支援利用期間：1年
就労してからの期間：2か月
仕事内容：建設コンサルタントの総合事務

1 好奇心と親身になってくれる感覚から就労移行支援を利用

　病気になり、休職・復職を繰り返していて、悩んでいたときに就労移行支援がサイトの広告で出てきて、気になってとりあえず行ってみたら、スタッフが親身に話を聞いてくださって。3か月ぐらい悩んだし、家族の反対もあったけど、行ってみようと思いました。

2 自分のペースで就労移行支援を活用していた

　最初は訓練や皆さんの前で話すことにとても緊張して、週1回からのスタートでしたが、体調もよくなかったので思うように行けないときもありました。振り返ってみると、質問を自分からできていなかったこともありましたね。でも、**初期段階で急にアクセルを踏まずにすむ環境だったのは自分に合っていて、居心地がよかった**です。心身の健康と働くことへの自信を回復する時間にもなったと思います。体験実習に行くことが決まってから訓練をお休みすることもあって、環境が変わるとできないことも出てくることで落ち込んだりしたんですけど、実習には行きたくて。一般的な職場でどれだけ自分が通用するか知りたかったし、見守ってくれているスタッフにほめられたいというのも

あって（笑）、外部実習に行くことができましたね。一人では難しかったと思います。

3　外部実習に行ってみて

実習は2回行ったんですが、1回目の実習初日は緊張しました。スタッフが朝同行してくれたので少し不安が和らぎました。お客さんとのかかわりもあるので緊張しましたが、慣れてくると意外にできるなという感覚もありました。2回目の実習は見通しももてて少しこなれた感じもありました。二つ目の実習先はビジネスマナーなどが厳しめで、自分というよりほかの人が指摘されて

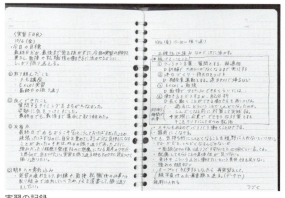

実習の記録

いるのを見て働くことのストレスを感じましたね。期間が決まっていたのでやりきれました。前職の経験から、ネガティブな想像をしてしまうんですよね。==否定されることが怖いし、また傷つくかもって思うんです。そこを乗り越えて実習に行けたことはよかった==ですね。就労移行支援は社会より優しい場なので、就職活動前に社会に出ることの空気を味わえる経験でした。実習先ではビジネスマナーや作業の正確性は評価されたので、自信にもなりました。

4　就労移行支援でのプログラム活用

プログラム参加はグループで話すこともあって、最初はハードルが高いなと思っていました。でも==せっかくの機会だから、ハードルが高いと感じることをやっておいたほうがいいと思い==、途中からはプログラムの全種類に参加しようと考えました。参加した日付や話すスタッフの名前をノートに書いていって、それを埋める達成感もありましたね。あとはプログラムの内容が健康や就活など、多岐に渡って面白かったので参加していました。最後のほうはお互い尊重し合いながら話ができる貴重な機会として、==プログラムに参加することがモチベーション==になりました。

10　就労移行支援利用者の体験談1　　169

面接練習のプログラムなどはハードルが高かったけど、この場は訓練で、失敗していい場所なので、失敗しても受け入れてもらえるし、やってみようと思って受けていました。

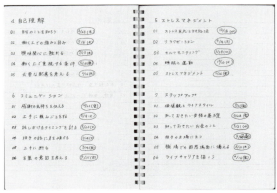
プログラム記録

電話の受け方のメモ

5 就職活動の進め方

　自分が就職活動を始めたときにタイミングよく面接や志望動機など、就職活動関連のプログラムが多かったので、そういったプログラムを受けつつ、求人検索もストレスにならない範囲で、無理なく実施していました。求人数を絞って応募していたのも自分にとってよかったです。それから、自分が働いていない1年間を面接でどう説明するか悩んでいたときに、キャリアブレイク（一時的に仕事を離れ、キャリアを見つめ直す期間のこと）を研究している人のトークイベントに参加したんです。自分を客観的に知ることをそこで学び、そして、勇気を出して参加したことが自信や活力につながって、また頑張ろうと思えましたね。あとは、働くことを最大の目標としたときに、正社員とか条件面にこだわらないで能動的に動くことや、気持ちが上がっているときにいいご縁と出会えるというスタッフの言葉を大切にして就職活動を進めました。そのタイミングで受けた面接で内定をもらって働くことになりました。

⑥ 就労移行支援に通って気づいたこと

　能動的に動くことや、制約をかけず働くことを目標に仕事を探してみることって、人によっては厳しく聞こえると思うんですよ。でも、自分にはできると思えて。働く上で配慮はもらわなくてもやっていけるんじゃないかなというのを、1年間就労移行支援内外でいろいろな人と出会ったり、経験をすることで気づくことができました。1年かけて、ようやくここまでこれたという感じですね。仕事はまだ始まったばかりで、仕事内容も新しいチャレンジという感じですが、自分の心と身体の様子を見ながら頑張っていきたいなと思います。

⑦ まとめに変えて

　チャレンジする厳しさと楽しさがあるような、こういった機会はめずらしいと思うので、先のことは考えずに、人生の一部分としての今を楽しむ感覚で就労移行支援を体験するといいなと思います。就労移行支援ではいろいろな人とかかわって悩みを抱え込まないことを、是非皆さんに経験してほしいなと思います。

K.Mさんの就労移行支援利用〜就労まで

就労移行支援利用開始		実習に参加		就職活動本格化		内定！就職して2か月目
	3か月		半年		3か月	

- ・3か月ほど悩んだ末に就労移行支援の利用を決意
- ・最初の数か月はマイペースな通所を心がけ、週1回の通所からスタート、少しずつ通所日数を増やす
- ・環境の変化によって体調を崩す
- ・心身の健康や自信の回復を経て、体験実習にチャレンジ

- ・実習初日は、スタッフの同行で少し不安が軽減される
- ・実際の職場に近い環境で実習を行うことに緊張やストレスはあったものの、乗り越えることができた
- ・実習先で受けた評価が自信につながった

- ・苦手であったプログラムに対してチャレンジ精神で参加するうちに、達成感やモチベーションになる
- ・自分にとって無理のないペースで就職活動を行う
- ・外部のトークイベントの参加など、能動的に動くことで就職活動のモチベーションを保つ

11

就労移行支援利用者の体験談2

働く上での自己理解と「無理をしない」ことの大切さ

🟩 語ってくれた人

K.Yさん（30代男性）　障害種別：発達障害
就労移行支援利用期間：1年半
就労してからの期間：半年
仕事内容：製造業での事務

1 前職で働き続けることの難しさから就労移行支援を利用

　前職で発達障害の診断を受けましたが、その説明が難しく感じました。配慮してもらった部分もありましたが、根本的に特性の対処はできておらず、そのまま働くのはしんどいなと思ったことと、自分の障害を一人で理解するのは難しかったので、就労移行支援を利用しようと思いました。就労移行支援の事業所が前の勤め先から徒歩5分の距離だったので、相談しやすかったです。

2 自分の障害を理解した上での就職活動

　最初の半年間は具体的な就職活動よりも、自分の興味に基づいた統計検定の勉強など試行錯誤の時間が多く、転職に向けて着実に進んでいなかったので今考えればふわふわした感じでした。そんななかで、ほかのメンバーが就職していく姿を見て、自分と比べたときにこのままではいけないと思ったんです。自分の障害特性を理解しないと就職に

つながらないなと気づきました。それで、自己理解を深めるために、主治医やスタッフの助言、YouTube や論文などの情報源を活用して、具体的な対処法を見つけて実践しました。例えば、忘れそうな先々のタスクがあればリマインドメールを送ったり、資料の見直しをする基準を自分でつくって確認作業を行うといった工夫をしましたね。これらの取り組みは、現在の仕事にも活かされています。

　自己理解した内容もふまえて希望職種を事務に絞って、書類作成や面接対策はスタッフに相談しながら進めて、今の会社から内定をもらいました。

③ 就労移行支援において役立ったこと

　自分の障害について自己理解して、自己対処の方法をいろいろ試しておけたことですかね。自分の苦手なことを理解しておくことで、職場での予想外の問題にも対処しやすくなっています。あとは、もともと睡眠が不規則になりがちだったのですが、通所することで毎日同じ時間に起きる習慣が身について、生活リズムを整えるのに役立ったと思います。実際働くことにも移行しやすかったですね。

④ 就労直後の困りごとと自己対処

　やっぱり想定外のことはたくさんありました。最初は先輩や上司から業務を引き継ぐ際に、説明のスピードについていけないことがあり、その場で「ちょっと待ってください」と言えなかったですね。もっと質問したらよかったなと思います。障害者雇用でも、自発的に動かないといけない場面は多い職場なので、自己対処は事前に考えておいてよかったです。具体的には、自分は発達障害の特性で、話だけでその出来事や仕事の展開を想像するのが難しいの

失念防止のためのアプリ使用画面　　朝のルーティン一覧管理画面

11　就労移行支援利用者の体験談2　　173

で、**理解できるまで細かく聞くことや、それがうまく進まない場合はどうなるかなどを尋ねることを大切にしています。** 業務を行う上では、メールアプリでの通知機能やスケジュール機能を使ってタスク管理や時間管理をしています。日常生活では、「ド忘れ防止」や「リマイン君」というアプリを使って、**予定や重要事項をリマインドしてもらう**ことがあります。

5 環境調整と自己対処のバランス

職場にお願いしている配慮は、通院があることや特性上業務に時間がかかることの認識と、具体的な指示ですね。配慮を引き出すためには、自発的に動かなければならないことも多いのは大変だけど、その分成長はできるなと思います。伸びしろしかないっていうか。

一人だと自分の状態に気づきにくいので、話しながら自分の気持ちを整理し、落ち着かせるような場として定着支援を活用していますね。 今は少し慣れてきて、とりあえずやってみて、ダメだったらまた考えようと思うようになりました。

6 就労してみてよかったこと

一般の企業に在籍しているので、社会復帰できたなという実感がありますね。自分の仕事は売上や利益の集計といった経営層のための資料作成をしているのでプレッシャーもかかりやすいんですけど、仕事の目的はわかりやすくていいなと思っています。

就労移行支援で得た経験と工夫を活かしながら、無理せず自分のペースで成長したいですね。

7 将来の展望

仕事に対する責任感はもちつつも、考え方を少し緩めて自分の趣味やプライベートを楽しむ余裕をもちたいですね。今は家に帰っても仕事のことを考えてしまうので、プライベートと仕事の線は引けるようになりたいです。

職場では、完璧を目指すのではなく、ある程度のところで割り切ることや、人に頼ることも大切だなと思っています。半年ほどで仕事の流れが見えてくると思うので、自分のペースで成長していきたいです。最終的にはほかの人と対等に仕事ができるようにな

りたいですね。

8 まとめ〜失敗を恐れず、自分から相談や質問をすることの大切さ

　就労移行支援では、一緒に訓練しているほかの利用者さんと就職活動や準備について情報共有し合えたことや、障害についての自己理解ができた点がよかったと思います。就労移行支援を利用しようと思うときや障害者雇用で働くときには、失敗することを不安に思わず、相談することやとりあえずやってみることが大切だと思います。

K.Yさんの就労移行支援利用〜就労して半年まで

就労移行支援利用開始	自己分析を始める	内定	就職して半年
半年	1年	半年	
・最初は試行錯誤の日々で、転職に向けて思ったように進まない感覚があった ・ほかのメンバーが就職していく様子をきっかけに、このままではいけないと思い、自身の障害についての理解を深める必要性に気づく	・主治医やスタッフからの助言や文献を参考に、自身の障害についての理解を深め、具体的な自己対処を模索する ・自己理解の内容をもとに職種を絞り、書類作成や面接対策などについて、スタッフに相談しながら進める ・就労移行支援事業所へ定期的に通うことで生活リズムも整う	・思うように質問できないなど、想定外の出来事も起こるなか、自己対処と配慮事項のバランスを模索 ・気持ちを整理し、自分を落ち着かせる場所として定着支援を利用 ・現在はプライベートと仕事の線を引きつつ、ほかの人と対等に仕事ができるようになることを目標にしている	

11　就労移行支援利用者の体験談2

12

就労移行支援利用者の体験談3
安心して働き続ける上で大切にしたい信頼関係

▶ 語ってくれた人

N.S さん（30代男性）　障害種別：自閉スペクトラム症、注意欠如多動症
就労移行支援利用期間：1年半
就労してからの期間：1年半
仕事内容：製造業での軽作業

1 ちゃんと働こうという思いから就労移行支援を利用

　新卒で入った会社を辞めてから、2〜3年はプータロー状態だったんですが、25歳になって、友達も働いているなかで、人生の積み重ねとして自分もちゃんと働こうと思って、動き出すために就労移行支援を利用しようと思いました。就労移行支援のことを事前に調べていたので、入ったときのギャップは特にありませんでした。

2 スタッフと相談しながらの就職活動

　就職活動は、長期的に働くことを意識して行っていました。具体的には、自分に合った仕事内容や環境であるかということや、配慮事項をまとめることを重視しました。自分に合った仕事や配慮についてはスタッフと相談したりフィードバックを受けながらまとめました。前職で新たな仕事と引っ越しが重なってしんどくなったこともふまえて、通勤距離などの条件面も絞って、今の会社から内定をもらいました。

3 就労移行支援において役立ったこと

　スタッフと就職活動について、戦略を立てながら取り組んだことですね。就職活動が

うまくいかないと、どこでもいいから内定がほしいみたいな気持ちになるときもあって。かといってミスマッチを起こすと長期的に働けないので、そこの会社で現実的に働けるか一緒に考えてもらうことで冷静になれたのはとてもよかったです。あとは、就労移行支援の訓練で、実際の会社を模した活動を通して、==社会的なコミュニケーションを練習できたこと==がためになりました。いろいろな人の立場を経験することで、トラブルになりにくいコミュニケーションを学べました。

4 就労して1年半のなかでの変化

ちょうど業務内容が来月から変わるんです。ピッキングの作業がメインでしたが、来月から梱包や発送のフォロー業務をすることになりました。職場環境が変わっても、体調を崩しやすいことや、通院のことなど、重要かつ必要な配慮はしてもらえますし、就職して1年半が経ちますが、しっかり配慮してもらえています。一方で、業務上必要なスキルやコミュニケーションなど、==自分のスキルアップを求められることが増えてきた==なと感じます。勤務時間の延長を目指すならこれくらいの基準でスキルが必要だね、という感じで。自分が目標とする働き方のために、頑張らないとなと感じます。最近は、報告・連絡・相談について指摘を受けたので、5分以上の離席時や、1日の終わりの報告など、丁寧にコミュニケーションをとることを意識しています。歯磨きみたいな感じで、習慣化することを特に意識していますね。報告内容をメモにまとめることもしていますし、報告相手が不在の場合など、場面別に手順を明

職場で愛用しているメモ

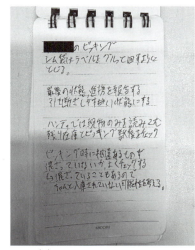

メモの内容

12 就労移行支援利用者の体験談3　177

確にしています。

5 定着支援の位置づけ

定着支援は、会社の上司や家族には話しにくいことを話す場ですね。自分の気持ちや、失敗してしまったことについて共有して、それに対するフィードバックをしてもらうことが中心ですね。あとは今後の働き方の希望や生活面など、自分を振り返る場でもあります。職場に伝えるまでにワンクッションあることで、職場の人とのスムーズなコミュニケーションにつながっていることがありがたいです。

6 就労継続に必要なこと

PC スキルなどの技能面より、ちゃんと定時に間に合うように出社して、退社することだったり、体調が悪いときは事前に報告したり、あるいは出社したときや帰社するときに、ちゃんと「おはようございます」や「お疲れ様です」が言えることが大事だなと実感しています。当たり前なことに聞こえますけど、働き続けていく上でとても重要なことだと思います。それが職場で信頼関係をつくっていくことにもなると感じます。

あとは調子が悪いなと思ったら、仕事でも日常生活でも無理しないことを念頭に過ごしています。調子が悪くて、仕事に影響しそうだなと思ったら、事前に職場の人たちに相談するようにしています。

7 制度上だけではない、話しやすいと思える面談の重要性

職場で面談があったりするんですけど、面談という制度自体よりは、面談で話しやすいと感じられることが働き続ける上で重要だなと思います。私が勤めている職場では面談のなかで、困っていることを伝えたときに、ちゃんと受け止めてもらった上で、職場でできることと、自己対処が必要なことを一緒に考えてもらえます。何か自分に課題があるときも頭ごなしに伝えられるのではなく、自分の事情について気にかけてくださった上で伝えてもらえるので、受け入れやすいなと感じます。

8 今後の目標

正社員になって収入を増やして、貯蓄もできるようになったら、新しいパソコンを買

いたいですね。趣味であるゲームのプレイ動画をサイトに上げることができるようになることが今の目標です。

9 まとめに代えて

就労移行支援に通うために気負う必要はないと言っておきたいですね。私は1年で就職しようと思って、結局1年半かかったんですが、それでよかったと振り返って思うので、最初からいろいろ考えすぎず、腰を据えてじっくり取り組むイメージをもてるといいなと思います。

N.Sさんの就労移行支援利用〜就労〜現在まで

就労移行
支援利用
開始

内定！
就労開始

就労定着支援
を契約

現在
就労継続
1年半

1年半　　　　　　半年　　　　　　1年

- スタッフとの相談を通して自分に合った仕事の内容や配慮事項をまとめる
- 実際の企業を模した訓練を通して社会的なコミュニケーションスキルを向上させる
- 「どこでもいいから内定がほしい」と思ったときも、スタッフと一度話し合うことで客観的に「長期的に働けるか」を検討し、マッチングを重視

- 面接時に配慮事項のすり合わせなどを行い、現在勤めている企業で働くことが決まる
- ピッキングの作業に取り組む
- 定時出社やあいさつなど、当たり前のように思えることを大切にすることで、職場で人間関係を徐々に構築
- 定着支援を通じて自分を定期的に振り返る

- ピッキング作業中心だった業務が梱包や配送に変更となる
- フルタイム勤務を目指すにあたり、自己対処やスキルアップを求められることが増えてくる
- 職場での定期面談を通して気にかけてもらいつつ、自身の課題について一緒に考えてもらうことで、前向きに取り組んでいる

第5章参考文献

- 独立行政法人高齢・障害・求職者雇用支援機構編集・発行「はじめての障害者雇用～事業主のためのＱ＆Ａ～」P.63
- パーソルダイバース株式会社「就職に関するフレームワーク」（2024年6月提供）
- 独立行政法人日本学生支援機構「令和5年度（2023年度）　大学、短期大学及び高等専門学校における障害のある学生の修学支援に関する実態調査結果報告書」2024年（https://www.jasso.go.jp/statistics/gakusei_shogai_syugaku/2023.html）
- 厚生労働省「雇用施策との連携による重度障害者等就労支援特別事業」第100回社会保障審議会障害者部会（令和2年8月28日）資料、2020年

第 6 章

各種助成制度

01 特定求職者雇用開発助成金

▸ さまざまな事情により職を得ることが難しい人のための助成

　特定求職者雇用開発助成金は、就労を希望しているものの、その人の属性によって雇用されにくいことが考えられる人々を雇用する場合に事業主に対して支払われる助成金です。**特定就職困難者**、**発達障害者・難治性疾患患者**、**就職氷河期世代**、**生活保護受給者**など、複数のコースに分かれており、特に障害者に対応しているのが、**特定就職困難者コース**と**発達障害者・難治性疾患患者雇用開発コース**の二つです。

　特定就職困難者コースは、具体的には、障害者のほか、母子・父子家庭の父母や高齢者、その他補完的保護対象者（難民条約上の難民以外の者であって、難民の要件のうち迫害を受けるおそれがある理由が人種、宗教、国籍、特定の社会的集団の構成員であることなどの要件を満たすもの）等が該当しています。

▸ 手帳を持っていない発達障害者や難病者も対象

　特定就職困難者コースにおける障害者は、障害者雇用促進法に基づく身体・知的・精神障害者ですが、発達障害者の場合、精神障害者保健福祉手帳を取得している、もしくは知的障害者としての判定を受けている必要があります。しかし、知的発達には大きな問題はなく、精神障害者保健福祉手帳や療育手帳を取得していないものの、働く上で一定の配慮を必要としている発達障害のある人も大勢います。また配慮を必要とするのは難病を抱える人も同様です。そのため発達障害者・難治性疾患患者雇用開発コースは、障害者手帳を持たない発達障害や難病のある人を雇い入れる事業主に対して助成する制度として、別メニューで設定されたものです。難病については対象疾患が定められており、2024（令和6）年3月末現在で369疾病が指定されています。

事業主に支払われる特定求職者雇用開発助成金　図

障害者雇用における助成金額

特定就職困難者コース

対象者	合計助成額	支払い方法
身体・知的障害者	120万円(50万円)(※1) 短時間:80万円(30万円)	30万円×4期(※2)(25万円×2期) 短時間:20万円×4期(15万円×2期)
重度障害者、45歳以上の障害者、精神障害者	240万円(100万円) 短時間:80万円(30万円)	60万円×6期(33万円(※3)×3期) 短時間:20万円×4期(15万円×2期)

※1:( )は中小企業以外に対する支給額
※2:1期は6か月
※3:3期目は34万円

障害者でも、その症状等によって助成金額に違いがあることに注意が必要です。

発達障害者・難治性疾患患者雇用開発コース

対象企業	合計助成額	支払い方法
中小企業	120万円 短時間:80万円	30万円×4期 短時間:20万円×4期
中小企業以外	50万円 短時間:30万円	25万円×2期 短時間:15万円×2期

支給申請の流れ（特定就職困難者コースの場合）

1. ハローワーク等からの紹介 ← ハローワーク、地方運輸局、適正な運用を期することのできる特定地方公共団体、有料・無料職業紹介事業者または無料船員職業紹介事業者の紹介で雇い入れた場合のみ、助成金の対象となる
2. 対象者の雇入れ

支給申請の手続き

3. 助成金の第1期支給申請
4. 支給申請書の内容の調査・確認
5. 支給・不支給決定
6. 助成金の支給

支給対象期ごとに、労働局またはハローワークに申請を行う
【提出書類】※このほかにも労働局から書類の提出を求める場合がある
☐ 支給申請書
☐ 賃金台帳等
☐ 出勤簿等
☐ 対象者であることを証明するための書類
☐ 雇用契約書または雇い入れ通知書
☐ 対象労働者雇用状況等申立書
☐ 支給要件確認申立書

第2～6期支給申請も同様の手続きが必要となる

02 トライアル雇用助成金

▶ 雇用を促すための助成金

　働こうと思っても、実際に就職するとなると不安も大きくなります。別にこれは障害者でなくても同様であり、大学生等の就職活動でも、インターンシップなどを通してどのような職業なのかを体験して、就職活動を進めていくのが当たり前の時代になってきました。これは障害者を受け入れる側も同じで、初めて障害者を雇い入れるときなどは、本当に自社で受け入れることができるのか不安に感じることでしょう。しかしそのためにやっぱり障害者雇用をやめよう、または受け入れやすい障害のみを雇おう、と考えられてしまうのも困ります。そこで**実際に雇用を試してみることができる**のが**トライアル雇用**であり、助成金を活用することができます。

▶ トライアル雇用の内容

　トライアル雇用助成金は、職業経験の不足などから就職が困難な求職者等を、無期雇用契約へ移行することを前提に、一定期間試行雇用（トライアル雇用）を行う事業主を助成することにより、求職者の早期就職の実現や雇用機会の創出を図ることを目的とした助成金であり、生活保護受給者や母子家庭を対象とした一般トライアルコースと、障害者を対象とした障害者トライアルコースがあります。障害者トライアルコースには、一般トライアルコースにはない短時間のコースもあることが特徴です。

　障害者トライアルコースを利用する場合は、専用の求人をハローワーク等に提出し、これらの紹介を受けて原則3か月の有期雇用を行い、障害者トライアル雇用の実施計画書等を提出することが必要です。トライアル雇用終了後にも支給申請書を提出することで支給が行われます。

一定期間試行雇用するための助成金　図

トライアル雇用助成金（障害者トライアルコース）の内容

対象	障害者雇用促進法に定める障害者に該当する者 （障害の原因や障害の種類は問わない）
条件	①紹介日時点で、就労経験のない職業に就くことを希望している ②紹介日の前日から過去2年以内に、2回以上離職や転職を繰り返している ③紹介日の前日時点で、離職している期間が6か月を超えている ※重度身体障害者、重度知的障害者、精神障害者は上記①〜③の要件を満たさなくても対象とする
対象期間	3か月間（精神障害者は原則6〜12か月間トライアル雇用期間を設けることが可能。ただし、助成金の支給対象期間は6か月間に限る）
助成額	月額最大4万円×最長3か月間 （精神障害者を雇用する場合は月額最大8万円×3か月間、その後4万円×3か月間）

障害者トライアル雇用の活用例

精神障害（統合失調症）

・何かに気をとられて注意散漫になることがある
・複数のことをすると混乱してしまう

支援機関（ハローワーク・地域障害者職業センター等）

企業

・どのような仕事ができるかわからない
・キーパーソンの決定や周りへの周知が必要

集中力が続かず、臨機応変な対応や同時進行の作業は苦手

・ハローワークやジョブコーチなどが連携し他支援を実施
・一緒に作業するなかでの助言　等

・企業内のキーパーソンの決定
・企業への障害特性の説明、休憩時間や通院などの配慮事項の確認
・本人ができる仕事内容の掘り起こし

身体障害者を雇用したことはあるが、今まで精神障害者を雇用したことはないので不安

トライアル雇用期間において、双方のニーズを確認し、継続雇用に向けた取り組みを実施した結果、トライアル雇用終了後も継続雇用に

トライアル雇用を進めるなかでは当然就労支援も受けることが可能です。そのなかで、自社の業務のなかで何を割り当てたらよいのかを考える機会にもなり、継続雇用率も8割以上（厚生労働省調べ）となっています。

03 障害者能力開発助成金

▶ 訓練を行うための設備設置等のための助成金

　障害者雇用を行うにあたっては、障害の特性を理解するなど、従業員の教育も大事になりますが、一方で障害者の能力向上を進め、生産性などを上げていくためには、それ用の訓練設備なども設置することが必要になる場合があります。そのための訓練事業の実施や設備の設置・更新などの費用の一部を助成するものが**障害者能力開発助成金**です。2023（令和5）年度までは、人材開発支援助成金として運用されてきましたが、2024（令和6）年度より障害者雇用納付金制度に基づく助成金へと移管されています。
　この制度は、訓練を行うための施設・設備や運営費のための予算として設定されていることから、その受給要件は少々細かな内容になっていることに注意が必要です。

▶ 要件は厳しいが助成内容は魅力的

　事業の対象となるのは、身体障害、知的障害、精神障害、発達障害、高次脳機能障害のある者のほか、難治性疾患を有する者も含まれます。その上で、ハローワークに求職の申込みを行い、障害特性、能力、労働市場の状況等をふまえ、職業訓練を受けることが必要であるとハローワーク所長が認めた者が利用することが要件となっています。
　加えて対象となる事業については、障害者の職業に必要な能力を開発し、および向上させるための教育訓練であって、厚生労働大臣が定める基準に適合する教育訓練とされており、10ある要件を全て満たすことが求められます。
　条件は厳しいものの、設備面では費用の4分の3を乗じた額（初回は5000万円）が、訓練の運営費では原則4分の3（一人あたり月16万円まで）が助成されるなど、かなり手厚い支援を受けることができます。

障害者の訓練事業の実施等に活用できる助成金　図

対象となる事業主

(1)次の①～④のいずれかに該当する者
　①事業主または事業主団体
　②専修学校または各種学校を設置する学校法人または法人
　③社会福祉法人
　④その他障害者の雇用の促進に係る事業を行う法人

(2)能力開発訓練施設等の設置・整備または更新を行った後、障害者職業能力開発訓練を5年以上継続して行う事業主等であること

(3)実施する障害者職業能力開発訓練において、就職支援責任者の配置を行う事業主等であること

(4)訓練対象障害者の個人情報を取り扱う際に、訓練対象障害者の権利利益を侵害することのないよう管理運営を行うものであること

主な受給要件

訓練の施設または施設の設置・整備または更新	(1)次の①～④のいずれかに該当する者 　①能力開発施設 　②管理施設 　③福祉施設 　④能力開発訓練施設用設備 (2)訓練施設および設備が事業主等自らが所有するものであること（賃借によるものは含まない） (3)訓練の施設または設備の設置・整備または更新が、受給資格認定日の翌日から1年以内に完了するものであること
障害者職業能力開発訓練事業	障害者の職業に必要な能力を開発し、および向上させるための教育訓練であって、厚生労働大臣が定める基準に適合する教育訓練とし、次の①～⑩の要件をすべて満たすことが必要 ①運営管理者：障害者の能力開発・教育訓練について必要な知識を有し教育訓練の事業に係る経験をおおむね5年以上有する者 ②訓練期間：6か月以上2年以内 ③訓練時間：700時間を基準（1日5～6時間、実技は5割以上） ④訓練科目：対象とする障害者の職業に必要な能力を開発し、および向上することが必要なもの ⑤訓練施設以外の実習：訓練施設以外で実習を行う場合は、当該実習が一定の要件をすべて満たしていること ⑥訓練人員：教育訓練を行う1単位の受講者の数は訓練科目ごとにおおむね10人 ⑦訓練担当者：受講者数ごとに定められた人員を置くこと ⑧訓練施設等：教育に必要な施設・設備を備えていること ⑨安全衛生に十分配慮されていること ⑩費用：無料（教材費等を除く）

03　障害者能力開発助成金

04 団体経由産業保健活動推進助成金

▶ 中小企業の産業保健を支える助成金

　産業保健においては、心の健康を保っていくために、**自身で行うセルフケア、職場内で行われるラインによるケア、事業場内の産業保健スタッフ等によるケア、そして事業場外資源によるケア**といった**四つのケア**の取り組みを行い、ストレスの原因となっている問題に対応していくことが求められています。しかし、職場環境を改善しようと思っても、そのための産業保健活動を行っていくための予算をつけるのが大変、というケースが特に中小企業では懸念されます。そこで使われるのが**団体経由産業保健活動推進助成金**です。

▶ 団体を通して依頼する

　団体経由産業保健活動推進助成金は、その名前のとおり中小企業単独で申し込むのではなく、事業主団体（例えば○○商工会議所など）等を通して中小企業等の産業保健活動の支援を行うために助成されます。対象となるのは、事業主団体または共同事業主であって、中小企業事業主の占める割合が構成事業主等全体の2分の1を超えていること等、一定の要件を満たす団体等や、労災保険の特別加入団体となります。その対象となっているか不明な場合は、労働者健康安全機構のホームページに自己チェックができる項目もありますので、試してみるのもよいでしょう。

　内容については、事業主団体等が傘下の中小企業等に対して、医師等による健康診断結果の意見聴取やストレスチェック後の職場環境改善支援等の産業保健サービスを提供する費用・事務の一部を委託する費用の総額の90％（原則上限500万円）が支払われます。1団体、年度ごとに1回限りで先着順となっています。

産業保健に対する取り組みと助成金 図

四つのケア

1. セルフケア
・ストレスへの気づき
・ストレス発散のための取り組み　等

2. ラインによるケア
・職場環境の改善
・相談体制の確立
・職場復帰支援　等

四つのケア

4. 事業場外資源によるケア
・社外EAP（社員支援プログラム）サービスの活用　等

3. 事業場内産業保健スタッフ等によるケア
・産業医や衛生管理者などによる相談対応、研修の実施、外部資源とのネットワーク　等

サービス、助成金の流れ

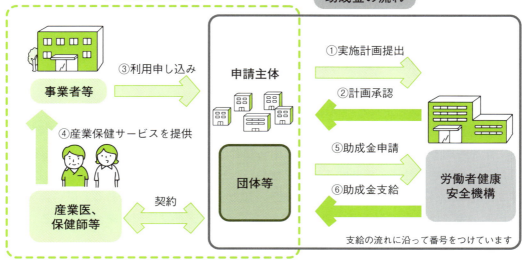

支給の流れに沿って番号をつけています

04　団体経由産業保健活動推進助成金

05
キャリアアップ助成金
（障害者正社員化コース）

▶ 正社員になりたい、を支援する

　障害者雇用を行うなかでよく聞かれる問題として雇用形態の制約があります。「就職が決まったけれどもパート勤務しか無理と言われた」「1年更新の契約社員として働いているけれども、正職員になる場合は健常者と同じ仕事量をこなしてもらわないといけないと言われて諦めた」などです。仕事があるだけよいじゃないか、と考える企業もあるかもしれませんが、安定した雇用条件で働きたい、スキルアップしたいと思うのは障害のあるなしに関係ないことです。「有期でずっと働き続けるしかない」では、その仕事に希望をもつことができないでしょう。だからこそ、**スキルを身につけ、十分業務をこなすことができる障害者が正社員になるための支援**が必要なのです。そのしくみが、**キャリアアップ助成金**のなかに含まれている**障害者正社員化コース**です。

▶ キャリアアップを企業と一緒に考える

　障害者正社員化コースは、より安定度の高い雇用形態への転換等を通じた障害者の職場定着を目的として、障害のある有期雇用労働者等を正規雇用労働者等（勤務地限定正社員・職務限定正社員・短時間正社員を含む）へ転換した事業主に対して助成するものです。通常の有期雇用者の正社員化ルートを設けている企業は多くあると思いますが、この助成金では、雇用保険適応事業所ごとにキャリアアップ管理者をおいていること、障害者である対象労働者に対して、キャリアアップ計画を立てることが必要です。あくまでも正社員等に転換された場合に支払われる助成金ですが、キャリアアップ計画の作成などは、その前に行っていくことが求められます。支給金額は有期雇用から正規雇用もしくは無期雇用、無期雇用から正規雇用のケースなどによってまちまちです。

障害者の正社員雇用を進める助成金　図

障害者正社員化コース　支給申請までの流れ

事業主

キャリアアップ計画の作成・提出 ⇔ **労働局・ハローワーク** キャリアアップ計画の作成援助・認定

↓

正社員等へ転換

↓

転換後6か月の賃金の支払い
（転換前と比較して、賃金を減額させていないことが必要です）

↓

支給申請
（転換後6か月の賃金を支払った日の翌日から起算して2か月以内） ⇔ 支給審査 支給決定

「キャリアアップ助成金」の活用にあたっては、
各コースの実施日の前日までに「キャリアアップ計画」の提出が必要

> 障害があるからここまでしかできない、で終わるのではなく、キャリアを積むことで成長できる会社運営ができるよう、本助成金が活用されることが期待されます。

支給額（2024（令和6）年度時点）

支給対象者	措置内容	支給対象期間	各支給対象期における支給額
重度身体障害者 重度知的障害者 精神障害者	有期雇用➡正規雇用	1年 (1年)	60万円×2期（45万円×2期）（※1）
	有期雇用➡無期雇用		30万円×2期（22.5万円×2期）
	無期雇用➡正規雇用		30万円×2期（22.5万円×2期）
重度以外の身体障害者 重度以外の知的障害者 発達障害者 難病患者 高次脳機能障害と診断された者	有期雇用➡正規雇用		45万円×2期（33.5万円（※2）×2期）
	有期雇用➡無期雇用		22.5万円×2期（16.5万円×2期）
	無期雇用➡正規雇用		22.5万円×2期（16.5万円×2期）

※1：1期は6か月
　　（　）内は大企業の額
※2：2期目は34万円

> 対象一人あたりの金額です。

05　キャリアアップ助成金（障害者正社員化コース）

06 障害者介助等助成金

▶ 介助者配置を支援する

　障害者を労働者として雇用する事業主が、その雇用を継続するためのものとして**障害者介助等助成金**があります。これは障害者の介助者を職場に配置するなどといった、障害の種類または程度に応じた助成対象となる措置を実施する場合に、その費用の一部を助成するものとして、一定期間に支払われるものです。助成金の支給期間は決まっていますが、**助成が終わったから雇用を終了するのではなく、その後につなげるために助成を活用する、という考え方が必要**です。

▶ 介助者の配置以外にも助成がある

　障害者介助等助成金については、障害の種類や程度に応じて種類が分かれています。例えば、業務に必要な介助を担当する場合に支給される**職場介助者助成金**（職場介助者の配置または委嘱助成金等）や、聴覚障害のために手話通訳、要約筆記等が必要な場合に支給される**手話通訳・要約筆記等担当者助成金**（手話通訳・要約筆記等担当者の配置または委嘱助成金）などがあります。それぞれ配置のための助成金、継続措置のために使われる助成金など複数の種類が用意されています。

　この助成金は介助者を用意するため以外にも使用できる場合があります。例えば、中途障害等によって休職せざるを得なくなった職員を、やむを得ずほかの業務に配置転換させる際に必要な訓練を行うために使われる**中途障害者等技能習得支援助成金**や、雇用している障害者が増え、従来行っていた支援では対応しきれない場合に、健康相談を行う医師や雇用管理に必要な相談・支援業務を行う**職業生活相談支援専門員**を委嘱するための助成金なども用意されています。

障害者介助等助成金の種類と支給の流れ

障害者介助等助成金の種類（一部）

職場介助者助成金
- ①職場介助者の配置または委嘱助成金
- ②職場介助者の配置または委嘱の継続措置に係る助成金
- ③職場介助者の配置または委嘱の中高年齢等措置に係る助成金

手話通訳・要約筆記等担当者助成金
- ④手話通訳・要約筆記等担当者の配置または委嘱助成金
- ⑤手話通訳・要約筆記等担当者の配置または委嘱の継続措置に係る助成
- ⑥手話通訳・要約筆記等担当者の配置または委嘱の中高年齢等措置に係る助成金

職場支援員助成金
- ⑦職場支援員の配置または委嘱助成金
- ⑧職場支援員の配置または委嘱の中高年齢等措置に係る助成金

職場復帰支援助成金
- ⑨中途障害者等に対して職場復帰後の本人の能力に合わせた措置を行った場合の助成金

申請から支給までの流れ

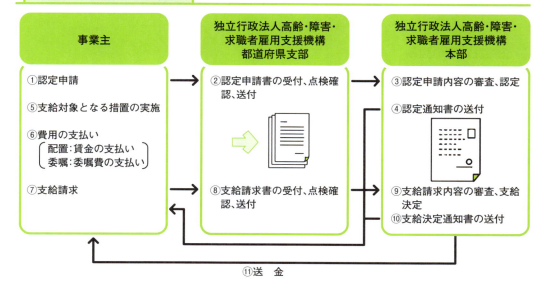

06 障害者介助等助成金　193

07 職場適応援助者助成金

▶ ジョブコーチを配置するための助成

　障害者の職場適応をすすめるためにジョブコーチ（職場適応援助者）制度がありますが、ジョブコーチは地域障害者職業センターが派遣する以外に、社会福祉法人等の法人がジョブコーチ派遣を行う場合と、自社でジョブコーチを配置して支援体制を整える場合があります。これらに対して助成を行うのが**職場適応援助者助成金**です。それぞれ**訪問型職場適応援助者助成金**、**企業在籍型職場適応援助者助成金**と別枠で設けられています。

　いずれの場合も、**職場適応援助者研修**を受けた職員が必要になりますが、ここでは、特に自社でジョブコーチを配置する企業在籍型についてみていきます。

▶ 企業在籍型の強み

　企業在籍型のジョブコーチの強みは、職場の職員がジョブコーチとなるので、業務内容に精通しており、より現場の内容に沿った支援ができるということです。しかし、どのような対応でも助成の対象になるわけではないことや、助成を受ける場合に兼務が認められない業務などもあることに注意が必要です。助成の対象となる対応は、地域障害者職業センターが作成もしくは承認した支援計画に基づいて実施されるものに限定されます。

　また比較的大きな企業の場合、出向して別会社で支援を行う、といった場合も考えられますが、助成金の支給対象となるのは賃金の負担をどちらがしているかによっても異なりますので注意してください。障害者雇用が増えていくなか、**企業在籍型のジョブコーチの役割も大きくなってきている**といえるでしょう。

ジョブコーチを配置するための助成金（企業在籍型） 図

企業在籍型職場適応援助者助成金の支給額

支援対象障害者の雇用形態	支給限度額		支給期間
対象障害者等が精神障害者以外の場合			
一般労働者	中小企業事業主の場合	月8万円	6か月まで
	中小企業事業主以外の場合	月6万円	
短時間労働者	中小企業事業主の場合	月4万円	
	中小企業事業主以外の場合	月3万円	
特定短時間労働者	中小企業事業主の場合	月2万円	
	中小企業事業主以外の場合	月1万5000円	

精神障害者の場合は、支給限度額が一般労働者で中小企業事業主の場合月12万円に上がるなど金額が高く設定されています。

企業在籍型ジョブコーチの在籍出向の取り扱い

B社における支援体制
（支援対象者と企業在籍型ジョブコーチの所属など）
※A社：出向元、B社：出向先

	企業在籍型ジョブコーチ	支援対象障害者	A社	B社
パターン1	A社から在籍出向（主たる賃金はA社が負担）	A社から在籍出向（主たる賃金はA社が負担）	支給対象	支給対象外
パターン2		A社から在籍出向（主たる賃金はB社が負担）	支給対象	支給対象外
パターン3	A社から在籍出向（主たる賃金はB社が負担）	A社から在籍出向（主たる賃金はA社が負担）	支給対象外	支給対象
パターン4		A社から在籍出向（主たる賃金はB社が負担）	支給対象外	支給対象
パターン5	B社の従業員	A社から在籍出向（主たる賃金はA社が負担）	支給対象外	支給対象
パターン6		A社から在籍出向（主たる賃金はB社が負担）	支給対象外	支給対象
パターン7	A社から在籍出向（主たる賃金はA社が負担）	B社の従業員	支給対象	支給対象外
パターン8	A社から在籍出向（主たる賃金はB社が負担）		支給対象外	支給対象

07 職場適応援助者助成金　195

08 障害者作業施設設置等助成金・障害者福祉施設設置等助成金

▶ 働きやすい環境をつくるための助成

　障害者を雇用する場合、事業場内の設備を改善する必要も出てくるでしょう。障害者用の作業台やスロープ、車いすやオストメイトに対応した多目的トイレなどを設置する場合、大きな予算が必要となってきます。そのようなときに、作業施設とその附帯施設、作業設備の設置、改修にかかる費用を助成するのが**障害者作業施設設置等助成金**です。建設・購入するのか（第１種）、賃借によって対応するのか（第２種）によって助成金の種類が変わることに注意が必要です。助成額は、建設・購入の場合、かかった費用の３分の２もしくは支給限度額のいずれか低いほうとなっていますが、基本的な支給限度額は支給対象障害者一人につき450万円となっています。

▶ 事業場内の福祉施設を準備するための助成

　障害者福祉施設設置等助成金は、障害者を労働者として現に雇用する事業主または当該事業主の加入している事業主の団体が、その障害者である労働者の福祉の増進を図るため、保健施設、給食施設等の福祉施設の設置・整備を行う場合に、その費用の一部を助成するものとなっています。ここでいう「福祉施設」とは、保健室や洗面所、休憩室といった保健施設、食堂に代表される給食施設等や、これらを利用しやすくするための配慮を施した廊下や階段、トイレなどの附帯施設が該当します。ただし、あくまでも対象となる障害者のための部分が支給対象となり、施設全体は対象となりません。原則としてかかった費用の３分の１もしくは対象障害者一人につき225万円のうち低いほうの金額が助成されます。

障害者の働きやすい環境のための助成金 図

第1種作業施設設置等助成金の助成対象となる事例

	申請内容	助成対象・留意事項
作業施設	車いす利用の障害者に対して、出入り口や事業場内の段差を解消する	対象障害者の導線上への措置については助成対象となる
附帯施設	下肢に障害がある障害者のために、トイレを和式から洋式に改修し、手すりを設置する	原則として就労フロアの就業場所に最も近いトイレ1か所のみが助成対象となる
作業設備	パソコンでの事務作業を行う視覚障害者のために、据え置き型拡大読書器を導入する	毎就業日に行う業務であり、業務上明確な用途確認をできるため助成対象となる

第1種作業施設設置等助成金の助成対象とならない事例

	申請内容	助成対象・留意事項
作業施設	車いす利用の障害者を雇用するため、事務所を新築する	障害特性による課題を解消する必要最低限の範囲が対象となるため、新築は助成対象にならない
附帯施設	車いす利用の障害者に対して、段差解消のため、昇降リフト（置き型固定なし）を導入する	附帯施設については固定することが必要であるため助成対象にならない
作業設備	聴覚障害者のため、音声文字化アプリ（文字化データ記録・外国語翻訳機能付き）を導入する	文字化データの記録機能や翻訳機能などの機能も備わっており、対象障害者以外にも利便性が高いため助成対象にならない
作業設備	上肢障害者のため、業務で使用する備品等を取りやすくするため、高さが低い収納棚を購入する	支給は対象障害者が専用で使用するものが対象となる。原則として一般市販品は助成対象とならない

特例子会社については、この助成金の対象にはなりませんが、設立から相当の期間が経過し、支給対象障害者のために新たな措置が必要になった場合には対象となる場合があります。

08 障害者作業施設設置等助成金・障害者福祉施設設置等助成金

09 重度障害者等通勤対策助成金

▶ 通勤に困難を抱えている障害者のための助成

　障害者総合支援法における移動支援では、基本的に通勤にかかる支援を受けることができません。そのため、重度身体障害者、知的障害者、精神障害者または通勤が特に困難と認められる身体障害者（重度障害者等）を労働者として雇用する事業主、またはこれらの重度障害者等を雇用している事業主の加入する事業主団体が、障害者の通勤を容易にするための措置を行わなければ、雇用の継続が困難であると認められる場合に、その費用の一部を助成するものとして**重度障害者等通勤対策助成金**があります。通勤という日常的な行為への助成であることから、いくつかの助成については10年間と、他の助成に比べても長期間に設定されています。ただし、対象障害者が雇用されて6か月を超える期間が経過している場合は、すでに通勤困難性は克服できていると判断されて、助成対象にならないことに注意が必要です。

▶ 住む場所と通う方法を支援する

　重度障害者等通勤対策助成金は、重度障害者等を入居させるための住宅の賃借や住宅手当の支払い助成等といった**住む場所を確保するもの**と、通勤用車両の購入補助や駐車場の賃借助成など、**通勤手段に係るもの**の二つに大別されます。手当的なもののほか、住宅に指導員を配置したり、公共交通機関を使って通勤する場合に介助をする者を委嘱するための助成も用意されています。なお、住宅にかかわるものと通勤手段にかかわるもの、どちらも基本的に同一の対象障害者に対して併給することができません。

　また、障害者であれば誰でも対象となるわけではなく、障害による通勤困難性等、個々の障害の状況を総合的に判断して支給決定がなされることにも留意しましょう。

重度障害者等通勤対策助成金の内容　図

重度障害者等通勤対策助成金の種類と内容（2024（令和6）年度現在）

名称	助成金対象となる措置	期間	助成率と支給限度額（いずれか低い額）
①重度障害者等用住宅の賃借助成金	障害者を入居させるための住宅を賃借する	10年	助成率：3/4 限度額：10万円／月（世帯用） 　　　　6万円／月（単身者用）
②指導員の配置助成金	障害者5人以上が入居する住宅に指導員を配置する	10年	助成率：3/4 限度額：配置一人につき15万円／月
③住宅手当の支払助成金	障害者に住宅手当を支払う	10年	助成率：3/4 限度額：対象障害者一人につき6万円／月
④通勤用バスの購入助成金	障害者5人以上の通勤のためのバスを購入する	―	助成率：3/4 限度額：1台700万円
⑤通勤用バス運転従事者の委嘱助成金	障害者5人以上の通勤のためのバスの運転手を委嘱する	10年	助成率：3/4 限度額：委嘱1回6000円
⑥通勤援助者の委嘱助成金	通勤援助者を委嘱する	3か月	助成率：3/4 限度額：委嘱1回2000円
⑦駐車場の賃借助成金	自動車通勤を行う障害者のための駐車場を賃借する	10年	助成率：3/4 限度額：対象障害者一人につき5万円／月
⑧通勤用自動車の購入助成金	自動車通勤を行う障害者のための自動車を購入する	―	助成額：3/4 限度額：1台150万円 　　　　（1・2級の両上肢障害は1台250万円）

対象となる重度障害者等の範囲（2024（令和6）年度現在）

名称	支給対象となる重度障害者等
①重度障害者等用住宅の賃借助成金 ②指導員の配置助成金 ③住宅手当の支払助成金 ④通勤用バスの購入助成金 ⑤通勤用バス運転従事者の委嘱助成金 ⑥通勤援助者の委嘱助成金 ⑦駐車場の賃借助成金	・重度身体障害者 ・3級の視覚障害者 ・3級または4級の下肢障害者 ・3級の体幹機能障害者 ・3級または4級の乳幼児期以前の非進行性脳病変による移動機能障害者 ・5級の下肢障害、5級の体幹機能障害および5級の乳幼児期以前の非進行性の脳病変による移動機能障害のいずれか二つ以上の重複者 ・知的障害者 ・精神障害者
⑧通勤用自動車の購入助成金	・2級以上の上肢障害者 ・2級以上の乳幼児期以前の非進行性の脳病変による上肢機能障害者 ・3級以上の体幹機能障害者 ・3級以上の内部障害者 ・4級以上の下肢障害者 ・4級以上の乳幼児期以前の非進行性の脳病変による移動機能障害者 ・5級の下肢障害、5級の体幹機能障害および5級の乳幼児期以前の非進行性の脳病変による移動機能障害のいずれか二つ以上の重複者

10 障害者雇用相談援助助成金

▶ 障害者雇用に対する相談にも助成がついた

　2024（令和6）年度から雇用納付金による助成金の拡充がなされ、それに伴って新しい助成金制度ができました。それが**障害者雇用相談援助助成金**です。これまではどちらかといえば設備・制度面での助成がメインでしたが、相談支援に対する助成ということで新しい方面からの助成制度といえるでしょう。

　新規に障害者雇用を行う場合、ノウハウがなくどのようにしたらよいのかわからないことも少なくないでしょう。そのようなときに障害者雇用に関する経験をもち、**コンサルタントができる企業として労働局から認定された認定事業者**から**障害者の一連の雇用管理**に関する助言・指導によって、障害者雇用を促進させるものになっています。

▶ 障害者雇用に対するコンサルタントを原則無料で受けられる

　支援対象となる事業主は、法定雇用率が未達成の企業、特に雇用義務があるものの一人も障害者を雇用していない、いわゆる障害者雇用ゼロ企業や、中小企業、除外率設定業種の企業等と、あくまでも、障害者雇用の経験がない、もしくは少ない企業に対するものです。障害者を雇用するための助成金ですから、支援対象企業がハローワーク等に求人を申し込み、雇用を行うことが前提となりますので、とりあえず相談したい、というだけでは利用することはできません。また、この助成金は、障害者を雇用したいけれどノウハウ等がない事業主に対して、原則無料で相談援助を行うために認定事業者に対して支払われるものである、ということも押さえておきましょう。なお、認定事業者によっては、有料で追加的な支援を実施していますので、無料で相談援助を受けた上で、さらにコンサルタントを希望する場合は個別に相談してみるとよいでしょう。

障害者雇用に関する相談援助への助成事業　図

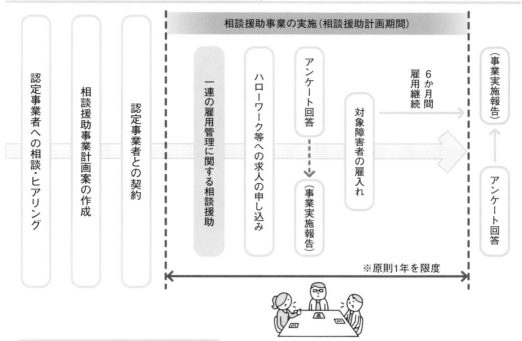

10　障害者雇用相談援助助成金

第 6 章 参考文献

- 厚生労働省「障害者トライアル雇用」のご案内
- 独立行政法人労働者健康安全機構「助成金＜事業主団体等の皆様へ＞」
- 独立行政法人高齢・障害・求職者雇用支援機構「障害者雇用納付金関係助成金のごあんない」
- 厚生労働省「障害者雇用相談援助事業」利用のご案内

索引

あ

アサーティブコミュニケーション………126
生きづらさ……………………………153, 157
委託訓練…………………………………112
医療機関……………………………………96
オープンポジション………………………50

か

企業グループ算定特例……………………32
企業在籍型職場適応援助者助成金………194
企業在籍型職場適応援助者養成研修………108
キャリアアップ助成金……………………190
キャンパスソーシャルワーカー…………98
教育機関………………………………98, 146
業務の切り出し……………………………50
グループ適用………………………………32
クロックポジション…………………54, 55
広域障害者職業センター…………………88
公共職業安定所…………………………84, 93
高次脳機能障害……………………………134
高次脳機能障害及びその関連障害に対する支援
　　普及事業………………………………94, 95
高次脳機能障害支援拠点機関……………94
工賃…………………………………………77
合理的配慮………………………3, 8, 28, 50
合理的配慮の例
　　―気分障害……………………………64
　　―高次脳機能障害……………………68
　　―視覚障害……………………………54
　　―肢体不自由…………………………52
　　―知的障害……………………………60
　　―聴覚障害……………………………56
　　―統合失調症…………………………66
　　―内部障害……………………………58
　　―発達障害……………………………62

口話…………………………………………57
心の支援…………………………………152
雇用継続支援……………………………107
雇用施策との連携による重度障害者等就労支援
　　特別事業………………………………17
雇用障害者数………………………………17
雇用促進支援…………………………106, 107
雇用調整金…………………………………38
雇用納付金…………………………………36

さ

在宅就業支援団体…………………………40
在宅就業障害者特例調整金…………37, 40
在宅就業障害者特例報奨金…………37, 40
産業保健…………………………………188
産業保健総合支援センター………………80
事業協同組合等算定特例…………………32
事業主支援………………………………124
実雇用率……………………………………17
社会的障壁…………………………………4
就職支援室………………………………148
重度障害者……………………………14, 15
重度障害者等通勤対策助成金……………198
就労移行支援……………………72, 75, 118
就労継続支援Ａ型・Ｂ型…………………76
就労準備支援プログラム（高次脳機能障害）…94
就労選択支援………………………………78
就労体験拠点設置事業…………………120
就労定着支援………………………………74
就労パスポート…………………………110
手話通訳・要約筆記等担当者助成金………192
障害学生………………………………98, 146
障害学生支援室…………………………148
障害学生支援センター……………………98
障害者介助等助成金……………………192
障害者活躍推進計画………………………22
障害者虐待…………………………………19
障害者雇用……………………………………48
障害者雇用相談援助助成金……………200

203

障害者雇用促進法‥‥‥‥‥‥‥‥‥‥‥‥‥‥12
　　─での障害者の定義‥‥‥‥‥‥‥‥14
　　─の基本的理念‥‥‥‥‥‥‥‥‥‥16
障害者雇用対策基本方針‥‥‥‥‥‥‥‥‥20
障害者雇用調整金‥‥‥‥‥‥‥37, 38, 41
障害者雇用納付金制度‥‥‥‥‥‥‥‥‥‥36
障害者雇用優良中小事業主認定マーク‥‥‥43
障害者雇用率制度‥‥‥‥‥‥‥‥‥‥‥‥31
障害者雇用率達成指導‥‥‥‥‥‥‥‥‥‥31
障害者作業施設設置等助成金‥‥‥‥‥‥196
障害者差別解消支援地域協議会‥‥‥‥‥‥10
障害者差別解消法‥‥‥‥‥‥‥‥‥‥‥‥2
障害者差別の禁止‥‥‥‥‥‥‥‥‥‥‥‥28
障害者就業・生活支援センター‥‥‥‥‥‥90
障害者就労支援センター‥‥‥‥‥‥‥‥128
障害者就労支援チーム‥‥‥‥‥‥‥‥‥‥84
障害者職業カウンセラー‥‥‥‥‥‥‥‥‥24
障害者職業生活相談員‥‥‥‥‥‥‥‥‥‥44
障害者職業生活相談員資格認定講習‥‥‥108
障害者職業センター‥‥‥‥‥‥‥‥‥‥‥88
障害者職業総合センター‥‥‥‥‥‥‥‥‥88
障害者職業能力開発校‥‥‥‥‥‥‥86, 112
障害者職場実習等受入謝金等‥‥‥‥‥‥114
障害者正社員化コース‥‥‥‥‥‥‥‥‥190
障害者トライアル雇用‥‥‥‥‥‥104, 185
障害者能力開発助成金‥‥‥‥‥‥‥‥‥186
障害者の権利に関する条約‥‥‥‥‥‥‥‥2
障害者福祉施設設置等助成金‥‥‥‥‥‥196
障害者雇入れ計画‥‥‥‥‥‥‥‥‥‥‥‥34
職業準備支援‥‥‥‥‥‥‥‥‥‥89, 123
職業準備性‥‥‥‥‥‥‥‥‥‥‥‥‥‥‥72
職業能力開発総合大学校‥‥‥‥‥‥‥‥‥86
職業評価‥‥‥‥‥‥‥‥‥‥‥‥‥‥‥‥89
職場介助者助成金‥‥‥‥‥‥‥‥‥‥‥192
職場支援員助成金‥‥‥‥‥‥‥‥‥‥‥193
職場実習‥‥‥‥‥‥‥‥‥‥‥‥‥‥‥114
職場適応援助者‥‥‥‥‥‥‥26, 89, 194
　　─の種類‥‥‥‥‥‥‥‥‥‥‥‥‥27
職場適応援助者助成金‥‥‥‥‥‥‥‥‥194

職場適応支援‥‥‥‥‥‥‥‥‥‥‥‥‥‥26
職場復帰支援‥‥‥‥‥‥‥‥‥‥106, 107
職場復帰支援助成金‥‥‥‥‥‥‥‥‥‥193
ジョブコーチ‥‥‥‥‥‥‥‥26, 89, 194
　　─の種類‥‥‥‥‥‥‥‥‥‥‥‥‥27
ジョブコーチ支援‥‥‥‥‥‥‥‥123, 124
精神科相談室‥‥‥‥‥‥‥‥‥‥‥‥‥141
精神科病院‥‥‥‥‥‥‥‥‥‥‥‥‥‥140
精神障害者総合雇用支援‥‥‥‥‥‥89, 106
精神・発達障害者しごとサポーター‥‥‥108

た

団体経由産業保健活動推進助成金‥‥‥‥188
地域産業保健センター‥‥‥‥‥‥‥‥‥‥80
地域障害者職業センター‥‥‥‥‥‥88, 122
チーム支援‥‥‥‥‥‥‥‥‥‥‥‥‥‥102
中途障害者等技能習得支援助成金‥‥‥‥192
治療就労両立支援事業‥‥‥‥‥‥‥‥‥‥82
治療就労両立支援センター‥‥‥‥‥81, 82
適材適所‥‥‥‥‥‥‥‥‥‥‥‥‥‥‥‥50
テレワーク‥‥‥‥‥‥‥‥‥‥‥‥‥‥‥20
特定求職者雇用開発助成金‥‥‥‥‥‥‥182
特定就職困難者コース‥‥‥‥‥‥‥‥‥182
特例子会社‥‥‥‥‥‥‥‥‥‥‥‥32, 158
トライアル雇用‥‥‥‥‥‥‥‥‥104, 184
トライアル雇用助成金‥‥‥‥‥‥‥‥‥184

な

難病患者就職サポーター‥‥‥‥‥‥92, 93
難病相談支援センター‥‥‥‥‥‥‥‥‥‥92
認定事業主‥‥‥‥‥‥‥‥‥‥‥‥‥‥‥42
ノーマライゼーション‥‥‥‥‥‥‥‥2, 12

は

発達障害者支援センター‥‥‥‥‥‥‥‥‥92
発達障害者・難治性疾患患者雇用開発コース
　　‥‥‥‥‥‥‥‥‥‥‥‥‥‥‥‥‥182
ハローワーク‥‥‥‥‥‥‥‥‥‥‥84, 93

筆談‥‥‥‥‥‥‥‥‥‥‥‥‥‥‥‥‥ 57
不当な差別的取り扱い‥‥‥‥‥‥‥‥‥3, 6
　　―の具体例‥‥‥‥‥‥‥‥‥‥‥‥ 7
紛争解決制度‥‥‥‥‥‥‥‥‥‥‥‥ 28
報奨金‥‥‥‥‥‥‥‥‥‥‥‥‥‥ 37, 38
法定雇用率‥‥‥‥‥‥‥‥‥‥‥‥‥ 30

ま

マッチング‥‥‥‥‥‥‥‥‥‥‥‥‥ 50
もにす認定制度‥‥‥‥‥‥‥‥‥‥‥ 42

や

雇入れ計画‥‥‥‥‥‥‥‥‥‥‥‥‥ 34
四つのケア‥‥‥‥‥‥‥‥‥‥‥‥‥188
四つのバリア‥‥‥‥‥‥‥‥‥‥‥‥ 5

ら

リハビリテーションセンター‥‥‥‥‥134
両立支援コーディネーター‥‥‥‥‥‥ 82
リワーク‥‥‥‥‥‥‥‥‥‥‥‥‥‥ 96
リワーク支援‥‥‥‥‥‥‥‥‥‥‥‥123

執筆者一覧

[編著]

二本柳 覚（にほんやなぎ・あきら）…… 第1章／第3章／第6章
京都文教大学臨床心理学部臨床心理学科・准教授
日本福祉大学福祉社会開発研究所・客員研究所員

山下 朋美（やました・ともみ）…… 第2章／第4章／第5章08・10〜12
大阪大学大学院人間科学研究科・助教

[著者（執筆順）]

澁谷 文香（しぶや・ふみか）…… 第5章01
NPO法人ブルースター 就労サポートセンターかみまち・所長／社会福祉士、
精神保健福祉士、キャリアコンサルタント

松村 匡平（まつむら・きょうへい）…… 第5章02
独立行政法人高齢・障害・求職者雇用支援機構兵庫支部兵庫障害者職業セン
ター・上席障害者職業カウンセラー

角谷 勝巳（かくや・かつみ）…… 第5章03
名古屋市総合リハビリテーションセンター・障害者就労支援センターめいりは・所長
／椙山女学園大学・非常勤講師

佐野 恭子（さの・きょうこ）…… 第5章04
名古屋市総合リハビリテーションセンター・なごや高次脳機能障害支援センター・
課長

米田 拓矢（よねだ・たくや）…… 第5章05
京都大学医学部附属病院精神科神経科・精神科相談室・精神保健福祉士、
公認心理師

澤田 佳代（さわだ・かよ）…… 第5章06
日本福祉大学福祉経営学部（通信教育）医療・福祉マネジメント学科・助教

吉成 広美（よしなり・ひろみ）…… 第5章07
NPO法人横浜メンタルサービスネットワーク・精神保健福祉士、ジョブコーチ

羽田 舞子（はねだ・まいこ）…… 第5章07
NPO法人横浜メンタルサービスネットワーク／筑波大学附属病院・作業療法士、
公認心理師

河口 拓哉（かわぐち・たくや）…… 第5章09
株式会社i-plug コーポレート本部HR戦略部HRSSグループOSSチーム・
障がい者雇用担当／企業在籍型職場適応援助者（ジョブコーチ）

図解でわかる障害者雇用と就労支援

2025年1月20日　初　版　発　行
2025年5月1日　初版第2刷発行

編　著　　　二本柳　覚・山下朋美
発行者　　　荘村明彦
発行所　　　中央法規出版株式会社
　　　　　　〒110-0016　東京都台東区台東3-29-1　中央法規ビル
　　　　　　Tel 03(6387)3196
　　　　　　https://www.chuohoki.co.jp/

印刷・製本　　株式会社太洋社
装幀デザイン　二ノ宮匡（ニクスインク）
イラスト　　　大野文彰

ISBN 978-4-8243-0176-5
定価はカバーに表示してあります。落丁本・乱丁本はお取り替えいたします。
本書のコピー、スキャン、デジタル化等の無断複製は、著作権法上での例外を除き禁じら
れています。また、本書を代行業者等の第三者に依頼してコピー、スキャン、デジタル化
することは、たとえ個人や家庭内での利用であっても著作権法違反です。
本書の内容に関するご質問については、下記URLから「お問い合わせフォーム」にご入力
いただきますようお願いいたします。

https://www.chuohoki.co.jp/site/pages/contact.aspx

A176